José de Alencar

O poeta armado do século XIX

Antonio Edmilson Martins Rodrigues

José de Alencar

O poeta armado do século XIX

Os que fazem a História

FGV
EDITORA

ISBN — 85-225-0351-6

Direitos desta edição reservados à
EDITORA FGV
Praia de Botafogo, 190 — 14º andar
22253-900 — Rio de Janeiro — Brasil
Tels.: 0800-21-7777 — 0-XX-21-2559-5533
Fax: 0-XX-21-2559-5541
e-mail: editora@fgv.br
http://www.fgv.br/publicacao

Impresso no Brasil / *Printed in Brazil*

1ª edição — 2001

COORDENADOR DA COLEÇÃO: Francisco J. Calazans Falcon

REVISÃO DE ORIGINAIS: Sandro Gomes dos Santos

REVISÃO: Eni Valentim Torres e Fatima Caroni

EDITORAÇÃO ELETRÔNICA: Simone Ranna

PRODUÇÃO GRÁFICA: Helio Lourenço Netto

CAPA: Visiva Comunicação e Design

Ficha catalográfica elaborada pela Biblioteca
Mario Henrique Simonsen/FGV

Rodrigues, Antonio Edmilson Martins
José de Alencar : o poeta armado do século XIX / Antonio Edmilson Martins Rodrigues. — Rio de Janeiro : Editora FGV, 2001.
156p. — (Os que fazem a história)

Inclui bibliografia.

1. Alencar, José de, 1829-1877. I. Fundação Getulio Vargas. II. Título. III. Série.

CDD-928.69

Ao Falcon, a quem fico devendo mais essa; ao Ilmar,
de quem já sou um grande devedor; ao Marcelo,
de quem começo a ficar devedor; e ao Ricardo,
a quem nunca vou poder pagar. A Teresa
e aos meus filhos, Eduardo e Pedro.

SUMÁRIO

Apresentação

Segundo Wilhelm Dilthey, a importância da biografia reside no fato de que seu nexo primordial é constituído pelo curso da vida de um indivíduo dentro do meio do qual ele recebe influências e sobre o qual reage. Representante do neo-historicismo germânico do final do século XIX e começos do XX, Dilthey foi um dos maiores expoentes daquela "revolta antipositivista" a que se referiu Stuart Hughes ao analisar o quadro geral da história das idéias na Europa de 1890 a 1930, em seu livro *Consciência e sociedade*. No campo historiográfico, porém, foram um tanto diferentes os caminhos trilhados pela reação ao positivismo.

A biografia como gênero historiográfico foi cultivada, embora de maneiras diferentes, por historiadores ligados ao romantismo e ao positivismo, ao longo do século XIX e nas primeiras décadas do século XX, pelo menos até a II Guerra Mundial. Todavia, no caso específico da França, o surgimento da chamada École des Annales, a partir de 1929, em franca oposição à história "positivista" então dominante, tendeu a levar de roldão, na enxurrada dos "combates" de Lucien Febre contra a "história acontecimental", a biografia histórica, tida como uma das formas típicas de uma historiografia ultrapassada.

A hegemonia do paradigma estrutural — e do marxista! — até começos dos anos 1970 não deixou muitos espaços, sobretudo na França, aos historiadores eventualmente interessados em histórias individuais. Afinal, como gênero ligado ao "tempo curto", no nível dos acontecimentos, a biografia parecia insignificante e desnecessária às grandes sínteses estruturais — e objetivas.

Durante os anos 1970 e após algumas das insuficiências dos paradigmas dominantes, abriram caminho os "novos objetos", "novas abordagens", "novos problemas" da "*nouvelle histoire*", especialmente a "história das mentalidades" e a série dos assim chamados "retornos": da narrativa, da política, do indivíduo e da biografia. Nas origens de tais mudanças estava o longo e complexo processo que caracteriza o retorno do sujeito forte e da subjetividade na teoria social e a sua historização, em substituição à dicotomia positivista "sujeito/objeto". O reconhecimento da importância crucial do sujeito individual e/ou social na construção da realidade histórica, bem como do papel decisivo do historiador na produção/interpretação das visões dessa realidade, trouxe a biografia de volta ao primeiro plano das pesquisas históricas, embora por uma ótica diversa daquela reinante na primeira metade do século.

Os novos tempos vividos pela historiografia contemporânea nos anos 1980 e 90 não tiveram uma resposta imediata entre nós no âmbito biográfico, especialmente entre os historiadores. Foi esta percepção, um tanto impressionista, convenhamos, que nos levou, em contato estreito com Alzira Alves de Abreu, a pensar na organização de uma série de biografias de personagens importantes da história do Brasil, a serem publicadas pela Editora FGV.

Ao analisarmos a viabilidade dessa nova coleção, verificamos a existência, hoje, de um clima favorável, em termos editoriais e de público, aos textos biográficos; por outro lado, a produção de biografias históricas é ainda um tanto escassa entre nós. Ao mesmo tempo, porém, não se trata de promover um "retorno" puro e simples da biografia, algo que consideramos totalmente sem sentido, mas, sim, de incentivar a produção de estudos de natureza histórica, ancorados na vida e obra de personagens significativas, mas fortemente inseridas no seu espaço-tempo concreto.

As complicadas relações entre literatura e história, ou como querem outros, entre "realidade" e "ficção", sempre um tanto potencializadas na biografia, nós as deixamos por conta de cada um dos autores convidados a participar desta coleção. Assim, salvo aquelas coordenadas mais gerais de caráter formal, necessárias à uniformidade das edições, nossos autores têm total liberdade para eleger seus próprios caminhos, alternando, se assim preferirem, narração e descrição, mas buscando evitar, se possível, os excessos eruditos e as polêmicas acadêmicas, teóricas ou não.

Coube à coordenação, através de leituras críticas, tentar evitar, quando possível, os eventuais excessos e descaminhos e manter atuante a idéia de que o estudo biográfico é inseparável do exame das "circunstâncias" (no sentido dado por Ortega y Gasset) do biografado: a sociedade, a época, a cultura, o ambiente intelectual.

Por último, é oportuno alertar os nossos leitores para o caráter interdisciplinar, ou melhor, multidisciplinar da coleção **Os que fazem a história**, teórica e metodologicamente comprometida com as características da historiografia contemporânea moderna e/ou pós-moderna, conforme a opção ou não do autor pelo "realismo histórico".

Francisco J. Calazans Falcon
Professor associado da PUC-Rio

Introdução

Este livro constituiu-se num desafio. Nunca havia imaginado escrever uma biografia de José de Alencar. Em primeiro lugar, porque não sou um homem da literatura e, depois, porque me assustava pensar na biografia de alguém tão marcante no contexto da produção intelectual do século XIX.

Entretanto, foram tantas as presenças "impertinentes" de José de Alencar na minha vida que não resisti e me lancei ao trabalho. Até então, havia experimentado escrever sobre tipos exóticos, no parecer do cânone acadêmico. Sequer sabia como começar quando se tratava de uma figura consagrada.

Com o início das leituras sobre Alencar, fui percebendo que o escritor era muito mais poderoso do que eu podia imaginar, e se assemelhava a alguém incomum na sua época, muito embora as justificativas para atitudes no mínimo exageradas pudessem ser explicadas pelo seu gênio retraído.

Fui à luta. Procurei encontrar um modo de atingir o autor que não tivesse sido usado até então na sua apreciação. Mas foi uma tentativa ilusória. A bibliografia sobre Alencar é imensa e constantemente renovada.

Diante de tal constatação, só havia uma saída: fazer uma colagem da diversidade de interpretações, concentrando a atenção nos autores que se tornaram clássicos por terem sido os primeiros a se aproximar de José de Alencar.

Para realizar essa colagem, produzi a tese de que seria possível pensar Alencar como um intelectual numa sociedade imperial de base escravista.

Na tentativa de reforçar o mapa, utilizei o conhecido método confuso, no qual a retomada insistente de certos pontos da trajetória intelectual do biografado levaria a uma compreensão das suas idéias, acentuando a noção de que Alencar transformou-se, com o tempo, num poeta armado que usou a letra como modo de conhecer e guerrear.

Tomara que essa forma possa expor velhas verdades sob novos prismas. Para mim, o trabalho foi compensador, não só pelo que aprendi, mas pela estimulante constância de idéias que surgem dos textos de Alencar. Surpreendi-me com a sua produção teórica no campo da teoria política ou do direito constitucional, embora já conhecesse o trabalho de Wanderley Guilherme dos Santos.

Por último, a pesquisa fez com que eu encontrasse um romantismo completamente diferente daquele anunciado pela historiografia. Forte no seu conteúdo e bem definido nas suas ações, o realismo romântico de Alencar revelou-se competente e com sentido. De tabela, pelos necessários cruzamentos de vidas que a biografia oferece, apaixonei-me por Domingos Gonçalves de Magalhães e confirmei minha sensação de que o Brasil do século XIX produziu idéias.

Icaraí, 17 de abril de 2001, 14 dias antes dos 124 anos de nascimento do Cazuza Alencar.

Quando eu era vivo...

No ano de 1875, comecei a sentir os primeiros sintomas da doença. A família de minha querida esposa logo indicou-me uma ida à Europa para consultar-me com os especialistas estrangeiros. A nossa medicina é ainda tão atrasada! Mas me era difícil abandonar o Brasil em meio a um embate tão violento quanto aquele que caíra sobre a minha cabeça.

De início, não dei muita atenção ao que me foi indicado, mas as dificuldades de respirar e os acessos de tosse, mesmo na paz da Tijuca, assaltavam minha alma, não me deixando trabalhar. E tinha quanto que fazer! Pretendia, ainda, concluir a história de minha vida, completando os dois textos autobiográficos anteriormente escritos sobre como virei romancista e dramaturgo.

Agoniava-me a situação política do país, a desordem institucional, a corrupção eleitoral e a fragilidade dos partidos, mesmo depois da fundação do Partido Republicano, que, diga-se de passagem, só veio aumentar o tumulto. Mas o que mais me enfurecia era a confraternização dos ex-inimigos que revelava a falta de caráter e a força dos interesses pessoais. Agora, sentavam-se juntos, e juntos elucubravam formas de aumentar o meu calvário. Não tinham o menor pudor de esconder o que queriam.

Então viajei. Tomei contato com outras terras e aprendi muito. Debrucei-me sobre as cidades de Paris e Londres, porém demorei-me mais em Lisboa; visitei livrarias e enchi-me de livros.

Minhas impressões da Europa, no entanto, não foram positivas. Paris, de início impressionou-me pelo refinamento de sua população; quando, entretanto, afastei-me da cidade-luz, tomei contato com a dureza da gente do campo e dos operários industriais. Em Londres, entonteceu-me o movimento; é, sem dúvida, a cidade do poderio técnico. Lisboa não foi um lugar onde me sentisse bem, talvez por causa da lembrança das críticas feitas a mim pelos literatos portugueses e com o medo de encontrá-los pelas ruas.

Na viagem, o que mais gostei foi perceber a saudade de minha pátria, do cheiro do Brasil. Não há nada que se compare à luminosidade tropical.

De volta ao Brasil, sem que a doença tivesse sido barrada, despertou-me, novamente, o pessimismo, nesse momento mais profundo, pois sabia que não teria tempo de terminar meus projetos e torná-los públicos como um dos únicos e derradeiros modos de livrar nossa terra da decadência e da ameaça estrangeira.

Não sei se graças à ameaça da morte e à "velhice precoce", mas sentia, no íntimo, que mudava. Não tinha mais pressa; minha raiva podia agora ser controlada e, talvez, usada para tentar, numa última cartada, a minha defesa derradeira, abrindo os olhos do povo para as mazelas do Estado, para os gastos despudorados, como para as festas de comemoração da vitória na Guerra do Paraguai e a viagem à volta do mundo do imperador.

Era terminantemente necessário escrever mais dois livros. Um, fácil de ser escrito, pois dependia apenas de cópia dos anais do Parlamento do ano de 1870 — queria que todos soubessem o que se passara no Brasil naquele ano. O outro, mais difícil: a história de minha atuação de ministro e os problemas por mim vividos durante os 18 meses que lá permaneci.

Este mais espinhoso, difícil de ser escrito, pois retomaria velhas pendências, mas necessário para que as mentiras das "gralhas imundas" não ficassem sem resposta:

> *Fui ministro da Justiça, estive 18 meses nos conselhos da Coroa, e sem o menor resquício de ressentimento para com os meus adversários, recordarei à Câmara a oposição violenta*

> *de que fui objeto. Talvez, pelo menos nestes últimos tempos, não haja exemplo de um ministro mais agredido, mais chocado em seu amor-próprio, mais atacado em sua dignidade, do que eu.*[1]

Bastou botar o pé em terra e os críticos voltaram à luta. A minha viagem foi objeto de brincadeira. Para uns, finalmente, eu tinha me livrado do provincianismo do Norte; para outros, eu retornaria mais carrancudo ainda, não tendo achado graça na Europa. Os impactos da volta não foram de todo pesarosos. A recepção de Machado de Assis e o seu sucesso, começando como eu comecei, alegravam-me.

Durante a viagem, tive tempo e oportunidade de revisitar o passado. No exílio europeu, senti vontade e desejo de rever episódios de certos capítulos de minha vida. De um lado, pela saudade que sentia longe do Brasil e das lembranças da família, e, de outro, pela intenção, já presente antes da viagem, de retomar os textos autobiográficos, pois acho que minha experiência poderá, no futuro, servir para alguma coisa, senão para dizerem que havia um chato na Corte do Segundo Reinado.

Nas divagações feitas, vinha-me sempre à mente a figura de meu pai, o senador Alencar. Reconheço que várias das direções que tomei na vida vieram de seu fantasma que me assombrou e ainda assombra.

A história dessas marcas começou na infância. Atirado nas lides políticas, meu pai quase não esteve presente em casa nos meus primeiros anos de vida e, quando chegava, era preciso mostrar-lhe os progressos do filho. Só quando nos transferimos para o Rio de Janeiro pude conviver com ele, ou, melhor, usufruir da sua presença ao longe.

Quem cuidava de mim eram minha avó e minha mãe. A lembrança de minha avó, d. Bárbara Pereira de Alencar, é marcante pelas histórias que a heroína da Revolução de 1817 contava.

As sucessivas ausências de meu pai e as constantes viagens que a família fazia formaram-me de modo especial. Tornaram-me mimado ou mal-acostumado. Amadureci rapidamente por conta disso. Em troca, tornei-me um menino educado e disciplinado, além de curioso. Interessava-me por tudo, desde charadas até a natureza que envolvia a região do Ceará que habitava.

Minha disciplina e minha aptidão para os estudos transformaram-me num expert em leitura e no leitor oficial das leituras em família. Por isso, peguei o gosto de ler e de apreciar as situações descritas nos livros. *Saint Clair das ilhas* e *Celestina* eram as novelas que circulavam na época.

Ao lado dessa prática de casa, gostava de explorar os entornos de Mecejana e deslumbrava-me com o sol e a natureza da minha terra. Nas primeiras viagens que fiz, esse horizonte fulgurante foi-se ampliando, dando-me um certo sentimento de alegria de ver a grandeza do país.

Minha experiência na Corte revelou-me um outro lado da vida. A velocidade, a multidão, a vida febril da realeza, o movimento da rua do Ouvidor avançaram sobre a minha natureza até então provinciana, e vivi a alegria de ver a cidade-capital, com todos os seus caprichos e lendas.

Minha mania de descobrir coisas fez do Rio de Janeiro um lugar de invenções. Se minha imaginação, que havia tomado as suas primeiras formas na natureza do lugar em que nasci, já se havia apurado no contato com minha mãe, d. Ana Josefina de Alencar, e minha avó, agora, na cidade-capital, adquiria a feição do turbilhão.

As dificuldades advinham do relacionamento com os outros meninos de minha idade. Não por ser melhor que eles — era mesmo —, mas porque eram diferentes. Educado no rigor da cena doméstica patriarcal, mesmo sendo meu pai um liberal — liberais, na época eram todos os que lutavam contra Portugal —, pouco contato tivera com a vida externa, e essas marcas ficaram em minha personalidade.

Sempre fui arredio e desconfiado, e tais virtudes, ou defeitos, deram-me a condição de ser meticuloso e querer fazer tudo muito bem. Além disso, olhava sempre para o exemplo da casa e para a imagem de meu pai — quase tornei-me um rapaz que via a vida pelos olhos da da família. Gostava de poucas coisas, mas era bastante crítico.

As conseqüências foram, de certa maneira, desastrosas. A opção pela literatura e sua confirmação no jornalismo surgiram como expressões daí decorrentes. Tive dificuldades que se resolveram em mim mesmo, nos romances que escrevi e no acesso ao público pela atuação na imprensa. Defendia-me utilizando pseudônimos, embora muitos achassem que o fizesse para esconder quem eu era diante das autoridades constituídas e para ficar bem com todo mundo, como se as pessoas não soubessem quem eram Al e Senio.

Fiquei com a impressão de que todos eram meus inimigos e que, para mostrar-lhes a minha força, deveria ser bom em tudo; era também, pensava eu àquela altura, uma defesa da honra de minha família.

Por conta disso, tive enormes dificuldades de relacionamento, não só com os colegas das primeiras letras, mas ao longo da vida, principalmente com as mulheres, embora as desenhasse muito bem nos romances.

Lembro da decepção com os meus primeiros amores, quando em especial se tratava de dançar uma valsa. Perdi bons partidos pelo meu acabrunhamento quando freqüentava os salões do Rio de Janeiro.

Recordo-me que, ao freqüentar o salão do ministro Nabuco de Araújo, arrastava asa para uma das filhas do sr. Nogueira da Gama que me preteriu numa valsa e casou-se com um nobre português. Parte dos argumentos de *Diva* e de *Senhora* resultaram dessa experiência.

A outra experiência marcante verificou-se antes, ao ingressar no Colégio de Instrução Elementar. Diante das dificuldades de relacionar-me com os colegas de classe, desenvolvi uma veia de maldade que me fazia rir quando algum deles era punido ou se atrapalhava com as lições, e imaginava que isso jamais aconteceria comigo, que trazia as lições na ponta da língua.

Alegrava-me, no colégio, a sua localização, na rua do Lavradio nº 17, que me possibilitava ver a cidade e sempre descobrir coisas novas — uma velha igreja ou uma antiga casa em ruínas —, e o diretor, o sr. Januário Matheus Ferreira, por sua autoridade e poder, pelo medo que despertava nos colegas e porque se parecia com o meu tio padre, o reverendo Alencar, que, embora não fosse tão rígido quanto o diretor, prezava a disciplina e a atenção aos estudos, sempre tratando-me como se fosse o único gênio da humanidade, talvez vendo em mim o filho que sua carreira eclesiástica não lhe dera.

A rigidez do diretor atraía-me porque a entendia como justiça. Passei a gostar dele exatamente porque me parecia justo e honesto, e sentia-me com ele protegido, até o dia em que tive o primeiro impacto de que o meu mundo imaginado era diferente do mundo real.

Durante uma das sabatinas diárias, que contavam para a honra ao mérito e eram um dos critérios para identificar o primeiro da classe, perdi o meu posto para o Aguiarzinho, por não ter compreendido o que mestre Januário propôs como modo de resposta. Além disso, eu vivia às turras com o Aguiarzinho que tinha inveja de minha inteligência de garoto e também queria ser o primeiro. O primeiro ia sempre à frente da classe e se destacava como o mais importante aluno no contato com os professores, ao mesmo tempo que era admirado e respeitado por todos os alunos do colégio.

Minha primeira derrota, que seria uma entre tantas, fez-me chorar de raiva do diretor, do Aguiarzinho e de mim mesmo. Fiquei imaginando a risada dos outros alunos quando saísse da classe no segundo posto. Ainda bem que essa tensão não durou muito. Vendo-me chorar, o diretor deu um jeito de apresentar outra pergunta cuja resposta fez-me voltar ao primeiro posto.

O diretor, depois que chorei, percebeu o que havia feito e, com justiça, deu-me uma nova chance. Essa experiência indicava o que eu seria e atuou sobre o meu caráter. Tudo teria que ser muito bem-feito e reconhecido por todos, para que eu me sentisse satisfeito.

Nos momentos em que não estava envolvido com o colégio, dedicava-me a brincadeiras que não eram comuns para a minha idade. Ficava imaginando situações que, mais tarde, tomaram a forma de romances e de peças teatrais.

Como havia desenvolvido, ao lado da leitura, uma boa forma de escrita, comecei a escrever sobre minhas lembranças e memórias, em pequenos cadernos com uma letra miúda, para que pudesse aproveitar o papel e, acho hoje, para dificultar a leitura de minha mãe. Essa prática levou-me ao passado. Minha curiosidade pela natureza foi aumentando, ao lado da necessidade de entender determinadas coisas que eram ditas pelas orações de história.

A outra situação desconfortável vivida por mim foi em casa, no Rio de Janeiro. Nossa casa na Corte ficava na rua do Conde nº 55, e era constantemente visitada. Entravam e saíam pessoas as mais diferentes, que me fizeram prestar atenção nos seus hábitos e tipos físicos. Com isso, meu olhar voltou-se, de modo diverso, para minha própria casa. Agitava-me porque não sabia a que vinham e por conta do nervosismo das mulheres, separadas dos homens, mas sempre atentas às suas necessidades. Como eu ficava com elas, aumentava a minha curiosidade de saber o que tanto conversavam em recinto fechado.

Depois, vim a saber que na minha casa reuniam-se os grandes homens daquele tempo, incluindo meu pai, agitados em torno da questão da maioridade daquele que seria tão fatídico para mim, o futuro d. Pedro II.

O Clube da Maioria, com a presença do regente Feijó e outros, tinha minha casa como sede.

A situação desconfortável surgiu por conta de minha curiosidade de menino mimado. Queria porque queria entender do que falavam e me tornei inoportuno, recebendo de minha mãe a reprimenda correspondente. Pensei em fugir de casa, mas minha casa era o único lugar seguro na cidade.

A partida para São Paulo, quando tinha 14 anos, foi uma nova aventura. Era a primeira vez que me afastava da família para viver num lugar desconhecido. Para uma pessoa como eu, isso foi o máximo do desespero: aportar num lugar que não conhecia e que era estranho em todos os sentidos.

Depois de concluir os meus estudos médios, ingressei na Faculdade de Direito do Largo de São Francisco, memorável instituição, formadora, ao lado da do Recife e de Olinda, das novas gerações de brasileiros. Fazer o curso de direito era o caminho normal de qualquer jovem de uma família de políticos, como preparação para suceder ao pai e manter a tradição familiar.

Entretanto, durante o meu curso — tendo sido um ano, exatamente o terceiro, em 1848, feito em Olinda —, fascinaram-me menos os compêndios de direito do que as leituras de história, filosofia e literatura.

De certa forma, a experiência em São Paulo foi proveitosa porque me mostrou como era limitado em termos de conhecimento, o que para mim foi contudo um novo abalo. O contato, na "república", com os colegas acabrunhou-me; falavam de coisas que eu não entendia e sobre as quais jamais ouvira falar a respeito. Estava sendo incluído num mundo em que não era o primeiro, e isso me desorientou porque não queria dar o braço a torcer.

Assim, fui obrigado a dar atenção máxima aos clássicos franceses, ingleses, alemães, italianos, espanhóis e portugueses, e mínima aos clássicos do direito. O que desejava fazer era eliminar a diferença. Talvez por isso tenham surgido comentários em torno de minha honradez masculina, pois, ao usar o tempo disponível para estudar, afastei-me da vida mundana e não segui o caminho normal de boêmio. Não tinha tempo para a "farra acadêmica", mas não me esquivava das reuniões de estudo e de erudição, muito embora achasse sempre que meus colegas me viam como um chato.

Minhas pretensões intelectuais desenvolveram-se em torno da literatura e, para isso, tive a ajuda de um dos meus grandes amigos, o poeta maranhense Francisco Otaviano de Almeida Rosa, que já estava envolvido com as lides literárias, pois era um dos redatores da *Revista Oficial*. Com ele e mais um colega, publicamos uma revista que se chamou, com toda a pretensão de neófitos, *Ensaios Literários*.

A revista afastou-me ainda mais do direito. A leitura dos clássicos abriu meus olhos para um novo campo, embora já tivesse tentado escrever romances que se perderam em meus pequenos cadernos. Continuava, contudo, dedicando-me às charadas, prática na qual havia sido iniciado pelo reverendo Alencar. Gostava de decifrar e de escrever charadas, considerando que isso me diferenciava dos outros e me fazia reconhecido por alguma coisa, além de desenvolver o meu tirocínio.

Ao lado das charadas, experimentei escrever as minhas recordações, não mais de modo infantil, mas procurando combiná-las com a minha trajetória intelectual e a vida política do meu tempo.

O romance, o teatro e a crítica foram resultados lógicos dessa experiência, e transformei todas essas ações num modo de conhecer melhor o Brasil. Assustava-me a falta de uma literatura amoldada ao que era brasileiro. O que lia, escrito por brasileiros, parecia-me despropositado, uma vez que incluíam deuses, deusas e heróis que não cabiam aqui. Procurei a leitura de historiadores e de cronistas da nossa terra.

Assim, *Contrabandistas* foi a experiência que não se perdeu, e por isso não digo que foi a primeira, pois antes já havia escrito uma epopéia histórica sobre a minha terra e as guerras de Exu, e um outro escrito sobre as tradições do Norte, que foi consumido como fogo para acender o cachimbo de um hóspede da república.

No fim do meu segundo ano em São Paulo, tive que voltar para o Norte e fiz o terceiro ano do curso de direito em Olinda. A volta ao Norte, naquele momento, teve um aspecto positivo: colocou-me em presença do que matutava e apurou o meu gosto pela natureza, levando-me a observar que a natureza brasileira possuía particularidades que não eram encontradas nas descrições das paisagens européias.

O acesso aos livros da biblioteca de Olinda fizeram-me alterar determinadas feições do meu imaginário literário. Comecei por perceber a emergência de algo que pulsava no meu peito e que não sabia ainda como exprimir. A simples forma de ver a natureza não me satisfazia; era necessário transformá-la em história, para descobrir a sua razão de ser, e associá-la ao meio social, para responder aos porquês de não possuirmos uma cor brasileira.

Aí tive consciência dos males produzidos pela presença portuguesa e identifiquei a vida indígena como aquela que fornecia essa originalidade como mote literário. Na estada em Olinda alinhavei vários romances que, depois, transformaram-se em livros de sucesso, como *Iracema.*

Voltei a São Paulo e terminei o curso de direito. Pensava nas alternativas que a vida me oferecia e, dentre elas, jamais imaginei viver somente como romancista, ainda que me desse enorme prazer ser lido por um grande número de pessoas que comentariam o que escrevera; àquela altura não tinha consciência dos males da crítica.

A alternativa mais própria era o ingresso na profissão jurídica. Havia tomado mais gosto pelo direito no meu último ano de curso, reconhecia a decisiva importância do direito constitucional para entender o futuro do Brasil e avaliar as mazelas do governo. Transformava-me num valente diante do mundo, e achei que o melhor lugar para mim era o Rio de Janeiro. Afinal, voltaria à família.

Enquanto avaliava as alternativas — escassas é verdade — as coisas foram acontecendo. Ingressei, como praticante, numa banca de renome, a do Dr. Caetano Alberto Soares, e aprendi muito durante o tempo em que lá permaneci. Aprendi tudo o que não havia aprendido nos quatro anos de faculdade, especialmente as formas e os protocolos da profissão com suas finuras habituais.

Despertou-me atenção o campo do direito constitucional que, através da história, comparava as instituições, mostrando-me os princípios que organizavam a vida política. Foi nesse momento que tomei contato com os filósofos da política, como Rousseau e Montesquieu, que me ajudaram a refletir sobre a organização política brasileira.

A possibilidade de profissionalizar-me na área do direito já me parecia tão certa que, por instantes, afastei de mim a literatura como trabalho diário e constante; escreveria, sim, mas quando tivesse vontade ou nos intervalos de processos. Além do que, voltou a martelar-me na cabeça a idéia de seguir os passos de meu pai, atendendo às suas expectativas de ver um novo político na família. Estimulado para o direito, pois escrevia bem e me orgulhava de falar bem, investia tudo no meu aprimoramento jurídico.

Mas como o mundo dá voltas e ninguém é dono do seu destino, a surpresa veio com a visita de meu amigo Francisco Otaviano. Devido a problemas pessoais, ele não poderia continuar a escrever para o *Correio Mercantil* e havia indicado meu nome para a função que ocupava. Da noite para o dia, vi-me jornalista e gostei da alternativa; estaria mais perto do povo e dizendo coisas que gostaria de dizer-lhe.

Afeito a novas experiências, comecei minha vida jornalística em 1853, com um estudo crítico sobre o livro *Poesias*, de Augusto Emílio Zaluar.

Como ocorria em todos os demais aspectos da minha vida, procurei ser o melhor e, ao correr da pena, transformei-me num jornalista emérito. O relevante na escolha foi que, como jornalista, poderia voltar a escrever os romances planejados e experimentar outras coisas.

No início, fazia apenas comentários sobre assuntos cotidianos de fundo político-jurídico, financeiro e literário, ocupando-me de obter informações e entendê-las para melhor traduzilas em meus comentários. Mais tarde, encontrei meu lugar nas crônicas que fiz para a seção "Ao correr da pena", tendo optado definitivamente pelo jornalismo quando assumi a seção "Folhetim", utilizando o pseudônimo de Osíris. Posteriormente essa seção foi ocupada por França Junior.

Nesse momento, pude associar jornalismo e literatura, ao mesmo tempo que aprimorava minha visão política cuidando da seção "Forum".

Mas como a vida muda de repente, mais à frente, em 1855, tive um desentendimento com a direção do *Correio Mercantil* e voltei, por três meses, à advocacia. Essa confortável situação dava-me tempo para continuar minhas pesquisas sobre as peculiaridades do país. Transformei a literatura no modo de conhecer o Brasil, e construí a idéia de que meus romances deveriam estabelecer retratos de minha terra.

Em 1853, aos 24 anos, pois nasci em 1829, estreei de fato no *Correio Mercantil* e pude realizar uma outra experiência que aumentou a minha emoção com a literatura: experimentar as linguagens, buscar um modo brasileiro de expressão. Foi isso que fiz em *Cinco minutos* e em *A viuvinha*.

Dois anos mais tarde, quando passei a colaborar no *Jornal do Commercio*, surgiu a oportunidade de experimentar outra esfera da atividade jornalística: tornei-me diretor do *Diário do Rio de Janeiro* e com isso pude associar o jornalismo, a literatura e o direito. O cargo de redator-chefe fez-me recordar as lições de direito administrativo e possibilitou que eu reunisse numa mesma atividade minhas várias atuações.

A posição que ocupei abriu-me um novo campo para o olhar; via de perto as dificuldades da profissão e enxergava melhor os obstáculos que o governo impunha às iniciativas privadas.

Experimentei a docência como lente da cadeira de direito mercantil no Instituto Comercial do Rio de Janeiro. Em 1859, assumi a direção da segunda seção da Secretaria de Estado dos Negócios da Justiça, nomeado pelo conselheiro Nabuco de Araújo, e, mais tarde, fui promovido a consultor de negócios da Justiça, recebendo o título de conselheiro, e com apenas 30 anos.

De uma hora para outra, minha vida encheu-se de atividades e estabilizei-me financeiramente, passando a desfrutar de certos confortos. Adorava comprar livros e me dispus a construir uma biblioteca que me revelasse os mistérios e dilemas da época.

Em vez de descansar, combinei tudo o que fazia com uma nova experiência: a dedicação ao teatro. Dava-me enorme prazer viver a velocidade das montagens, as tragédias dos ensaios, as dificuldades financeiras. Mas amava mesmo escrever peças e ver os grandes artistas representando-as. Ficava dominado por uma emoção que não sei descrever ainda hoje.

Misturei-me com a gente de teatro e envolvi-me com suas vidas e projetos. Conheci João Caetano e, com Macedo, participei de comissões para fundar um teatro brasileiro, visando a alcançar uma compreensão maior do Brasil. Além disso, o teatro permitia-me continuar a pesquisa das formas de linguagem.

Tudo isso deu-me uma certa notoriedade. E eu gostava de desfrutar da atenção do público, sentia-me contente, mas não satisfeito, pois passei a conhecer as dificuldades com o Conservatório Dramático e seu academicismo, e também com a censura. Precisava compreender o que acontecia com o teatro, uma vez que não surgiam novos autores, e comecei a buscar as razões. Assim, construí algumas teorias sobre o estado do teatro e procurei agir no sentido de vê-las aplicadas. Não consegui ir muito longe.

Faltava-me unir a essa felicidade o meu projeto de ajudar o Brasil a ser renovado, a ter vida própria. Pensei na oportunidade de enfrentar um novo desafio, fazer crítica, e a ocasião apareceu de repente. Defrontei-me, em 1856, com Gonçalves de Magalhães, homem de proa no cenário literário da Corte, amigo do imperador e com uma contribuição sem dúvida importante através da criação da revista *Niterói*, a primeira a divulgar artigos que enfatizavam as singularidades do Brasil e a potencialidade de nossas idéias.

Nas minhas tentativas de entender o país, tinha-me dedicado à leitura de *Suspiros poéticos e saudades* e ao *Discurso sobre a história da literatura no Brasil*, ambos de Magalhães. Essas leituras fizeram-me admirá-lo, embora reconhecesse ainda descabidas as suas vinculações clássicas.

Independência literária, oposição à lusofobia, gosto pela natureza e o indianismo eram formas pelas quais reconheci a possibilidade, via Magalhães, de tornar-me um descobridor do Brasil. Gostava, sobretudo, da sua tese central, com a qual concordava plenamente, de que já possuíamos uma literatura própria independente da portuguesa.

Minhas reflexões levaram-me a reconhecer Magalhães como o iniciador da historiografia literária brasileira e aproveitei todas as indicações sugeridas por ele na revista *Niterói*. Foi lendo-a que me deparei com o *Discurso sobre a história da literatura no Brasil*; vêm-me à cabeça algumas passagens que nortearam meu pensamento:

> A literatura de um povo é o desenvolvimento do que ele tem de mais sublime nas idéias, de mais filosófico no pensamento, de mais heróico na moral, e de mais belo na natureza; é o quadro animado de suas virtudes e de suas paixões, o despertar da sua glória, e o reflexo progressivo de sua inteligência.
>
> (...)
>
> Mas não são estas as únicas modificações que entre os diversos povos experimenta a literatura; outras há que da natureza mesma do homem, da civilização e do progresso dependem; porque seja qual for a modificação que sofra a literatura, há sempre algum acordo entre ela e as circunstâncias peculiares e temporárias do povo a que pertence e da inteligência que produz.
>
> (...)
>
> Toca ao nosso século restaurar as ruínas e reparar as faltas dos passados séculos.
>
> (...)

Luz e progresso; eis a divisa.

(...)

Não se pode lisonjear muito o Brasil de dever a Portugal sua primeira educação; tão mesquinha foi ela que bem parece ter sido dada por mãos avaras e pobres.

(...)

A poesia brasileira não é uma indígena civilizada; é uma grega vestida à francesa e à portuguesa, e climatizada no Brasil.

(...)

No começo do século atual, com as mudanças e reformas que tem experimentado o Brasil, novo aspecto apresenta a sua literatura. Uma só idéia absorve os pensamentos, uma idéia até então quase desconhecida; é a idéia de pátria; ela domina tudo, e tudo se faz por ela, ou em seu nome. Independência, liberdade, instituições sociais, reformas políticas, todas as criações necessárias em uma nova nação, tais são os objetos que ocupam as inteligências, que atraem a atenção de todos, e os únicos que ao povo interessam.

(...)

Este imenso país da América, situado debaixo do mais belo céu, cortado de tão pujantes rios, que sobre leitos de ouro e de preciosas pedras rolam suas águas caudalosas, este vasto terreno revestido de eternas matas, onde o ar está sempre embalsamado com o perfume de tão peregrinas flores, que em chaveiros se despencam dos verdes dosséis formados pelo entrelaçamento de ramos de mil espécies; estes desertos remansos, onde se anuncia a vida pela voz estrepitosa da cascata que se despenha; pelo doce murmúrio das auras, e por essa harmonia grave e melancólica de infinitas vozes de aves e de quadrúpedes; este vasto Éden, entrecortado de enormíssimas monta-

> nhas sempre esmaltadas de copada verdura, em cujos topes o homem se crê colocado no espaço, mais perto do céu que da terra, vendo debaixo de seus pés desenrolar-se as nuvens, roncar as tormentas e rutilar o raio; este abençoado Brasil com tão felizes disposições de uma pródiga natureza, necessariamente devia inspirar os seus primeiros habitantes; os brasileiros músicos e poetas nascer deviam. E quem o duvida? Eles o foram, e ainda o são.
>
> (...)
>
> Do que fica dito podemos concluir que o país se não opõe a uma poesia original, antes a inspira.
>
> (...)
>
> Como não estudamos a história só com o único fito de conhecer o passado, mas sim com o fim de tirar úteis lições para o presente.[2]

Todas essas idéias e descrições transformaram-se no meu projeto, incorporando, além disso, as proposições de Santiago Nunes Ribeiro, que, embora chileno, cantou o Brasil de coração e que em sua *Da nacionalidade da literatura brasileira* defendia com afinco a tese de que:

> ...a literatura é nacional quando está em harmonia perfeita com a natureza e o clima do país e ao mesmo tempo com a religião, costumes, leis e história do povo que a habita.
>
> (...)
>
> A literatura é a expressão da índole, do caráter, da inteligência social de um povo ou de uma época.[3]

Essas eram as minhas inspirações. Pela relevância do pensamento de Magalhães, ao me defrontar com um medalhão da época atraí sobre mim a fúria dos intelectuais que giravam em torno do Palácio de São Cristóvão. "A confederação dos tamoios", poema de Magalhães feito a pedido de d. Pedro II, não era o símbolo que o Brasil devia ter, como queriam esses luminares do Império e, por isso, experimentei a crítica. Como o grupo não estava acostumado com críticas, eram adeptos do elogio fácil e se assustaram comigo, erguendo fileiras para uma guerra.

O imperador empenhou-se pessoalmente na polêmica, chegando ele próprio, sob o pseudônimo "Outro amigo do poeta", a escrever um dos artigos de revide no *Jornal do Commercio*. Até Monte Alverne, já cego, teve que sair da sua cela e apresentar o seu parecer.

A mobilização do imperador atingiu níveis impensáveis, levando-o inclusive a se dirigir a Alexandre Herculano, grande escritor e historiador português, solicitando-lhe a apreciação da obra de Magalhães. A resposta de Herculano apenas confirmou a minha crítica, considerando o poema uma obra fracassada.

Chamaram-me de mercenário, porque escrevia só para ganhar dinheiro, não me preocupando em criar raízes que pudessem ajudar a erguer uma nova nação — como se ganhar dinheiro fosse errado; disseram que minha crítica tinha derivado da exclusão da lista de convidados para a leitura do poema, patrocinada pelo imperador, no Palácio de São Cristóvão. Por fim, alardearam que eu desafiava o projeto de renovação da pátria organizado pelo imperador.

Mas a provocação mais engraçada foi daqueles que tinham certeza de que eu fizera a crítica por inveja, já que tinha pronto um poema de igual conteúdo, chamado "Os filhos de Tupã" e que ficaria em segundo plano, quando meu desejo, para os críticos, era de que ele se transformasse em símbolo da pátria. Não esperaram muito, pois logo comecei a publicar O *guarani*.

Minha intenção séria era a de despertar a atenção dos estudiosos para a especificidade do Brasil. A impressão que tinha era de que o poema de Magalhães conservava uma modelagem clássica, não se ocupando daquilo que era nacional na forma; não captando o ritmo que impregna a vida brasileira.

Criticaram o meu orgulho e a minha vaidade de ter o sentimento da pátria e elegeram-me o presunçoso que era dono de todas as verdades, o guarda de plantão da defesa da pátria; transformaram essas qualidades em exageros e criaram para mim a imagem do típico guardião absoluto da moral e dos valores brasileiros.

As acusações me perturbaram. Queria entendê-las, procurar o seu sentido. Não sabia, naquele momento, que elas, daí para a frente, estariam sempre ao meu lado, fazendo da minha vida um calvário.

Entrei na vida política com raiva. Alistei-me no Partido Conservador e consegui me eleger deputado pelo Ceará, depois de percorrer a província e ter contato com os chefes políticos locais.

Não desejava ser um mero homem eleito a distância. Como tudo o que faço, pensei muito antes de tomar a decisão de me candidatar. Ajudaram-me a decidir a tradição de minha família e a expectativa de que a Câmara poderia ser o lugar ideal para expor as minhas idéias, elucidando as críticas e possibilitando o progresso. Também pela emoção causada pela morte de meu pai; seria uma homenagem ao grande político e, acreditava eu, a continuidade de sua obra.

Esse giro em minha vida causou espanto, embora fosse normal que intelectuais entrassem para a política. Mas, no meu caso, já era um romancista consagrado, um crítico respeitado e um jornalista de renome. Meu sucessor no rodapé "O Folhetim", França Junior, também tomado de espanto, escreveu:

> Neste lugar em que escrevo, porém, assalta-me a mente uma recordação tão grata e ao mesmo tempo tão dolorosa que não posso furtar-me ao dever de consignar um nome.
>
> Foi aqui neste rodapé que o conselheiro José de Alencar começou essa brilhante carreira, em que cada estádio tem sido assinalado por um triunfo. Aqui foi, para bem dizer, o berço do jornalista; aqui formou-se o jurisconsulto; aqui aguçou o guerreiro a sua espada fulminante para os grandiosos torneios da política.
>
> Chegando a este último estádio, o zênite de suas glórias, o político esquece o literato.

> É doloroso dizê-lo; mas é verdade.
>
> Se uma ou outra vez sente a nostalgia e volta a esses campos, onde passou os mais belos dias da infância, é como o estrangeiro que deixa por algum tempo as lutas e fadigas do trabalho para respirar o ar puro da pátria, que vem recordar-lhe o que há de mais caro.
>
> Ultimamente a Tijuca, a pitoresca Tijuca do seu *Cinco minutos* foi o teatro de uma dessas excursões, e daí enviou o poeta a outro poeta um ramalhete das mais esquisitas flores.
>
> Esses belos episódios entretanto passam, e as letras pátrias choram o filho dileto que a jurisprudência e a mesquinha política acabam de roubar.[4]

Fui deputado por várias legislaturas, mas a primeira experiência foi fascinante, embora tenha decepcionado a todos que criaram a expectativa de ver um grande orador; estava nervoso e não consegui ser brilhante no primeiro dia. Teófilo Otoni, na ocasião, cunhou a frase "nem de longe lembra o pai".

Reconquistei a fama com o tempo. Defendi com veemência minhas idéias e o Partido Conservador. Mas, aos poucos, fui também me decepcionando.

Comecei a ver que havia limites à minha atuação no Parlamento. Eu era um corpo estranho, pois aparecia como um deputado independente que não estava diretamente vinculado às ordens do partido. E os partidos não eram espaços de debate de opiniões, mas de afirmação de decisões, encobertas pela noção de que vivíamos uma época de conciliação e estabilidade política. As dificuldades que atestei fizeram-me buscar formas complementares de expor minhas idéias sobre o cenário político brasileiro. Aliás, uma atitude comum na época. O exemplo foram as "Cartas do solitário" do deputado liberal alagoano Aurélio Cândido Tavares Bastos, nas quais o parlamentar respondia às injustiças que levaram à sua demissão da Secretaria de Marinha, por perseguição do titular da pasta, e aproveitava a situação para estabelecer os pontos de um programa para o Brasil.

Criei, então, as "Cartas de Erasmo", que tinham como destinatários o povo e o imperador. Nelas, ensaiava idéias e expressava minhas opiniões, tentando abrir os olhos do imperador para a situação vivida pela sociedade. Através delas, pude experimentar as minhas teorias sobre o Poder Moderador e a representação política, enfatizando a experiência inglesa e a contribuição de Stuart Mill.

De algum modo, sua publicação surtiu efeito. Comentadas e criticadas, as cartas valorizavam o meu modo de ver a nação e deram-me o reconhecimento de um intelectual. Assustaram os meus inimigos, mas por pouco tempo. Recordo-me da expectativa criada. Vendidas nas livrarias do Rio de Janeiro, nas quintas-feiras, as cartas continham mais ou menos oito páginas, impressas na rua do Sabão, nº 150, na Tipografia de Melo. De início foram 10 cartas endereçadas ao imperador, assinadas por Erasmo. Logo descobriram quem era o autor. Segui o modelo do "Libelo do povo", de Torres Homem — o Timandro —, de 1849, e lembrei-me da primeira:

> *Fala-vos um amigo verdadeiro. Crede-o Senhor, crede sem hesitação. Ele sente em si a coragem do louvor cordial e franco, porque tem a consciência do reparo justo e moderado. Monarca, eu vos amo e respeito. Sois, nestes tempos calamitosos de indiferentismo e descrença, um entusiasmo e uma fé para o povo. As esperanças, que brotaram na primeira metade de vosso reinado, se murcharam ao sopro mau do presente, ainda podem reflorir sob os raios de vossa coroa. O cidadão livre se aproxima sereno de vosso trono porque nunca aí sentou-se a tirania; sua dignidade não se vexa, ao reclinar-se para beijar-vos a destra augusta, porque em vós acata ele o pai da Nação. Homem, eu vos prezo e admiro. Virtudes cívicas e domésticas adornam vossa pessoa. Na cúpula social onde a Nação vos colocou, sois para a sociedade brasileira mais do que um rei, sois um exemplo. Quando por toda parte se ostenta impune o pungente espetáculo do rela-*

xamento do dever e obliteração do senso moral, a alma da gente honesta se expande contemplando em vós um tipo de homem de bem.[5]

A recepção confundiu a todos. A maioria, entretanto, atacou-me como puxa-saco do poder, quando queria chamar a atenção do imperador para as questões que envolviam o país. Eu fechava essa primeira carta com o apelo para a intervenção do governo, e os críticos confundiram essa atitude com a defesa do absolutismo.

Na segunda carta, comecei mais radical: "Rompa-se o véu à miséria da Pátria. Contemplai, Senhor, o vosso império".[6] E descrevia o estado da política brasileira. Nas outras cartas, defendi o Poder Moderador e reclamei do conformismo da Coroa. As "Cartas de Erasmo" não ficaram sem resposta. O dr. Eduardo de Sá Pereira — Scaligero — escreveu um panfleto intitulado "Resposta às cartas de Erasmo".

Nesse momento, aumentaram as minhas forças, por causa do meu casamento. Possuía agora alguém, Georgina Augusta, que ouvia as minhas reclamações com uma paciência de Jó. Havia conhecido minha esposa quando visitei, em 1864, a tratamento, o dr. Thomaz Cochrane, que, além de sua filha, ainda revelou-me a paz da Tijuca.

Não me satisfiz com as "Cartas" e investi na ficção política, como modo de aumentar a minha pressão sobre o Estado; queria mexer com o governo para que o imperador saísse de sua cômoda situação. Escrevi, então, uma sátira política intitulada *A Corte do Leão* e dei-lhe um subtítulo apavorante: "obra escrita por um asno". Ridicularizei vícios e defeitos através da imaginária Terra de Pavocas, onde reinava Sua Majestade Leão Único.

Em 1864, faleceu, para minha tristeza, minha mãe, d. Ana Josefa, e isso apaziguou um pouco minha virulência. Mas minhas atitudes desabusadas persistiriam.

No dia 14 de março de 1867, fui surpreendido com uma notícia curiosa. Por decreto imperial, fui agraciado com o oficialato da Ordem da Rosa, pelos relevantes serviços prestados nas letras, junto com Manuel de Araújo Porto-Alegre e Tavares Bastos.

Surpresos ficaram todos quando, em declaração pública, através do *Jornal do Commercio*, anunciei a minha recusa da comenda, depois de ter mandado carta ao imperador.

Lembro-me da confusão que causei e, como sempre, fui violentamente atacado como um homem que desconsiderava o imperador. Alguns ainda tiveram a petulância de dizer que minha atitude era um disfarce para reduzir o impacto do puxa-saquismo oficial. Recordo-me das palavras do jornalista Ferreira de Araújo:

> Por falar em livros elegantes, vem a propósito dizer que encontrei, há dias, com quem os sabe fazer em nossa língua. Falo do autor de *Diva* e d'*As minas de prata*. Não tenho o prazer de tratar com o distinto literato, mas sempre que o vejo, gosto de contemplá-lo. O autor de *Diva* tem um ar severo e tristonho mas simpático. Traja presentemente luto pesado e parece que cada vez mais se lhe entristece o semblante. Vendo-o, lembrei-me das últimas condecorações a serviços literários e indaguei de mim por que ele não quis aceitar a que o governo concedeu a seus merecimentos (digo — merecimentos; o governo disse — serviços, o que parece trazer confusão. Por exemplo, o sr. Laemmert, que não foi condecorado, merece honras por serviços literários, mas os srs. Porto-Alegre, Alencar e Machado de Assis podem ser galardoados pelo mesmo motivo. O mesmo dá-se entre os srs. Garnier e dr. Tavares Bastos. Pode haver uma coisa sem outra, e vice-versa). Disseram-me que a recusa foi talvez por motivos políticos. Não creio. Acho louvável e bom condecorar-se aos homens de merecimento...[7]

Mal sabia o jornalista que o motivo era evidentemente político, queria definir a minha independência. As "Cartas" mais a minha atuação meticulosa e séria estabeleceram um perfil de jurisconsulto que me levou a ser convidado a participar do Gabinete do marquês de Itaboraí como ministro da Justiça. Pasta perigosa, mas que aceitei de pronto, pois achava que era o lugar ideal para contribuir com a nação, anunciando uma revolução pacífica no Brasil através de um reordenamento jurídico e com a eliminação dos vícios coloniais.

Na época, alguns mencionaram que a minha escolha teria como objetivo retirar-me da Câmara e colocar-me sob a guarda direta dos conservadores e do imperador. Não me intimidei com as especulações. Achava impossível alguém virar ministro da Justiça por uma decisão meramente política e, além disso, eu era competente. Só mais tarde, quando comecei a governar a minha pasta, foi que passou pela minha cabeça que a razão poderia ter sido aquela.

O convite para ser ministro me foi feito no dia 15 de junho de 1868:

> *...estava eu em meu escritório à Rua do Carmo, 63, ocupado em trabalhos forenses, quando entrou o dr. Silva Nunes e disse-me que os srs. barão de Muritiba (Manuel Vieira Tostes) e Paulino José Soares de Souza contavam comigo para o ministério e faziam questão do meu nome.*
>
> *Como estas palavras foram ditas rapidamente e ao sair, por haver outras pessoas no escritório, apenas lhes pude responder com uma negativa breve. Tornando à sala foi-me preciso grande esforço para conter a emoção que sentira àquele anúncio.*
>
> *Devo dizer que desde o momento em que se divulgou a crise ministerial, e sobretudo quando me constou haver sido chamado o sr. visconde de Itaboraí (Joaquim José Rodrigues Torres), eu firmei-me na resolução que tomara anteriormente de não ser ministro, como não desejo ser deputado nem conselheiro de Estado.*
>
> *O cargo de ministro já não tinha estímulos para mim; depois de o haverem ocupado homens sem título, em vez de honra, tornava-se esse posto elevado suplício. A glória que podia resultar do cargo não compensava em minha opinião o sacrifício de exercê-lo.*
>
> *O maior abalo que eu senti ao ouvir as palavras do dr. Silva Nunes não foi produzido pelo alvoroço de ser chamado ao ministério, fato que me parecia provável, embora não me*

causasse a mínima decepção se não viesse a realizar-se. O que me agitou ao último ponto foi o receio de não poder esquivar-me ao reclamo que de mim faziam meus amigos. Antes de se dar a emergência da minha chamada ao ministério, eu acreditava que ela passasse de outra forma, como uma simples demonstração de apreço a meus serviços, caso em que a recusa seria simples e fácil: declinava a honra da posição e continuaria a servir meu partido na imprensa e fora do poder.

Mas essa circunstância, de que alguns amigos exigiam minha entrada, embora acreditasse eu que na asseveração entrava boa parte de fineza do dr. Silva Nunes, assustava-me. Pela primeira vez se me afigurou que eu não declinava da honra, mas de um sacrifício; que não praticaria um ato de desinteresse, mas sim de fraqueza e cobardia.

A abnegação não estava em ficar onde me achava, no escritório de advocacia, que me rendera em dois meses cerca de quatro contos, mas sim em abandoná-lo e trocar existência calma e tranqüila pelo viver atribulado do ministério.

Eis o que me assustou e comoveu.

Uma hora decorreu depois do primeiro anúncio, durante a qual recobrei a serenidade de espírito, fortalecendo-me na resolução de não aceitar.

Com efeito, refletindo, reconheci que não podia ser necessário ao ministério, que minha falta seria vantajosamente suprida; e portanto tinha o direito e o dever de esquivar-me.

Nisto entrou o dr. Paulino José Soares de Souza. O que ele vinha fazer, já o sabia e se o não soubesse adivinharia por certa solenidade que nas ocasiões supremas se apodera do homem, e que ele não pode dissimular completamente, por maior que seja sua força de vontade.

Depois de algumas palavras indiferentes trocadas a respeito da organização, disse o dr. Paulino que desejava me falar a respeito de uma questão forense. Algumas pessoas presentes em meu escritório se despediram, ficando um praticante e um procurador que trabalhavam em suas mesas.

A conferência que houve entre o dr. Paulino e eu passou-se em um gabinete próximo. Foi em resumo o seguinte: disse-me o dr. Paulino que o sr. visconde de Itaboraí fora chamado por Sua Majestade o imperador ao Paço de São Cristóvão, às 7 horas da noite, por carta do sr. Zacarias de Góis e Vasconcelos. Obedecendo à ordem da Coroa, recebera a missão de organizar o novo gabinete, e conferenciara com Sua Majestade a esse respeito até as 10 horas. Que na volta estivera com o sr. Paranhos a quem consultara a respeito da situação; e chegando à casa mandara chamar a ele dr. Paulino, e lhe dissera que não organizava o ministério, senão ocupando ele a pasta do Império.

Não sei se nessa mesma noite ou no dia seguinte falara o sr. visconde de Itaboraí com o sr. Muritiba; escrevera ao sr. Cotegipe (João Maurício Wanderley) e pedira ao sr. Paulino que me viesse convidar para à 1 hora achar-me em casa do sr. Paranhos, a fim de entender-me com ele sobre a organização do ministério.

Respondi ao sr. Paulino que não podia aceitar o ministério; não me achava com forças para desempenhar o cargo, como pedia a situação que se inaugurava. Entendia que no partido havia homens de serviços, os quais deviam ser preferidos.

Apontei o nome do sr. conselheiro Francisco de Paula Negreiros Saião Lobato, o do sr. Nébias, o do sr. Fernandes da Cunha e outros. Insisti que me dispensassem.

Tornou o sr. Paulino que o sr. Fernandes da Cunha fazia parte da organização; quanto ao sr. Saião Lobato, era candidato à senatória pelo Rio de Janeiro em concorrência com amigos.

O sr. Nébias estava distante. Acrescentou que o sr. barão de Muritiba depois de haver anuído se recusara, o que mortificara muito ao sr. visconde de Itaboraí, a ponto de falar em desistir da organização. Que a minha recusa podia ter má influência no espírito do sr. visconde, já atribulado com as graves dificuldades da situação.

Finalmente disse que a minha recusa daria lugar a certa combinação, da qual ele, dr. Paulino, não podia em caso algum fazer parte, e então o sr. visconde não organizaria o gabinete.

Compreendi que esta última razão era que me tornava necessário ao gabinete; era indispensável que eu preenchesse o lugar, que na minha falta seria ocupado por outro. Devia sacrificar-me para evitar aos organizadores uma indisposição, contra a qual eu servia de argumento.

Confesso que foi de todas as considerações desenvolvidas por meu colega a que mais pesou em meu espírito; porque reconheci que em verdade eu podia ser necessário, não pelo merecimento e influência, mas sob aquele ponto de vista.

Meu colega dr. Paulino retirou-se insistindo em que não deixasse de comparecer à 1 hora em casa do sr. Paranhos. Prometi-lhe que lá estaria; mas não lhe prometi aceitar o ministério.

Ficando só, e medindo a responsabilidade de minha posição, acudiu-me a idéia de afastá-la com um traço de pena, escrevendo ao sr. visconde de Itaboraí uma carta de escusa absoluta. Pareceu-me que este meio não era cortês nem digno. Pensei que dava prova de cobardia, fugindo às exprobações de meus amigos, subtraindo-me às razões com que eles poderiam combater minha resolução.

Mandar uma carta e retirar-me a Botafogo era sem dúvida evadir-me às dificuldades do momento, às justas inquietações do meu partido e de minha Pátria, cuja sorte se decidia naquela hora. Não; eu não podia deixar correr à revelia a causa do Brasil, próxima de ser julgada.

— Irei; e terei a coragem e a força de recusar.

À 1 hora estava em casa do sr. conselheiro Paranhos. O sr. visconde de Itaboraí ainda não havia chegado de São Cristóvão. Achei ali, além do dono da casa, o sr. Cotegipe, Franscisco Lima e Silva, Cândido Borges; com pouco chegou o sr. Paulino. Depois de meia hora, chegou o sr. visconde de Itaboraí; entendeu-se com o sr. Cotegipe; seguiu-se a minha vez.

O sr. visconde de Itaboraí mostrava-se tão sucumbido diante da tremenda responsabilidade da situação, que me...[8]

Os 18 meses que passei no ministério só aumentaram o meu calvário. Enganei-me totalmente quando pensei que havia espaço para um homem íntegro no governo. Meus inimigos foram mais fortes que eu. Os interesses privados da aristocracia burocrática dominante suplantaram a nação e cerraram fileiras contra mim. Desde a primeira reunião do Conselho de Ministros percebi que não era bem aceito, principalmente depois que proibi qualquer intervenção de estranhos no Ministério da Justiça.

Meus colegas de ministério, durante 18 meses, viveram se metendo ou tentando se meter na minha pasta, especialmente o barão de Cotegipe, que era ministro da Marinha — além de se meter, tinha ciúmes de mim e me ridicularizava através de críticas ao que apresentava. Bastava eu pedir a palavra para que o barão começasse a rir, como se dissesse: "já vem ele com suas verdades e pontos de vista absolutos".

Horas, dias terríveis passei no Conselho de Ministros. Quando achei que havia conseguido me impor, vieram as críticas mais radicais e os desacertos. Isso ocorreu no momento em que, contra a vontade do imperador, candidatei-me ao Senado pelo Ceará.

Achava que a vitaliciedade de senador me daria mais tempo para desenvolver minhas idéias e torná-las realidade. Doce ilusão. Fui aconselhado a não me candidatar; era muito moço e ministro, minha candidatura poderia aparecer como pressão do imperador.

Não me queriam como ministro, nem como senador, pois verifiquei mais tarde que vários colegas de ministério também haviam-se candidatado. Fui o primeiro na lista sêxtupla que foi apresentada para decisão do imperador. Havia duas vagas. Um dia após o resultado, fui ao Palácio de São Cristóvão e solicitei uma audiência com o imperador, expliquei-lhe a situação e coloquei o meu cargo de ministro à disposição.

No dia seguinte, não era mais ministro e, dois meses depois, não era o escolhido para uma das duas vagas. O imperador optou pelo segundo colocado, o dr. Jaguaribe, e o quinto colocado, Figueira de Melo, construindo um artifício que disfarçava a minha exclusão.

Restou-me voltar à Câmara e voltei a ela com muita vontade e raiva. Vontade de denunciar as mazelas do governo e dos partidos e raiva porque devia enfrentar as críticas dos inimigos. Começou aí minha velhice prematura. Transformei-me num polemista e discutia tudo, até a viagem do imperador ao redor do mundo, perguntando pela sua necessidade e insinuando que ela era na verdade uma oportunidade de lua-de-mel do imperador com a condessa de Barral.

Assumi a imagem de um poeta armado e usei tudo o que tinha à minha disposição para debelar os inimigos. Tinha de lutar e minhas armas eram as letras; com elas ataquei sem trégua. Estudei muito, precisava me preparar; esmerei-me em conhecer tudo que de mais moderno havia no campo da teoria política; necessitava esboçar não apenas um diagnóstico da situação do Brasil, mas apresentar alternativas.

Por outro lado, precisava continuar atacando ou me defendendo, dependia do ponto de vista. O mais engraçado é que Cotegipe e Paulino de Souza usaram contra mim o jornal do qual havia sido redator-chefe, o *Diário do Rio de Janeiro*. Para não comprometer ninguém, criei o meu próprio jornal, no qual, para provocar, coloquei o título de *Dezesseis de Julho*, data da tomada de posse do Gabinete Itaboraí.

Eu e meu irmão Leonel lutamos contra todas as artimanhas do poder e publicamos tudo o que queríamos.

Para mim, o balanço da guerra foi positivo. Mesmo que não tenha visto meus projetos realizados, denunciei o marasmo e o conformismo da nossa vida política, a vitória dos interesses de alguns sobre os da nação, a corrupção eleitoral, e procurei dar soluções. Jamais poderia ter dito, pelo meu feitio, que estava satisfeito. Não estava.

Um pouco antes de me demitir do ministério recordo-me de que meu amigo França Junior brindou-nos com um dos folhetins mais expressivos e ferinos sobre as indecisões políticas daquele momento. Era um folhetim intitulado *Os Progressistas*, publicado no dia 17 de maio de 1868, onde o cronista dizia:

> Não sou progressista.
>
> Por quê?
>
> Eu me explico:
>
> O Brasil é um país ainda jovem.
>
> Os países, como o homem, apresentam faces variadas nos diversos períodos de sua existência.
>
> Na primeira época da vida, o homem não tem idéias firmes e seguras; revela manifestações e tendências, que mais tarde desabrocham sob os raios benéficos da reflexão e do estudo.
>
> Napoleão, instigando à luta os seus companheiros de colégio, incubava o heroísmo naquela alma "grande como o mundo".
>
> Licurgo, educando os Lacedemônios sob leis austeras, preparava um povo de bravos.
>
> Cornélia entrevia o futuro brilhante de seus queridos Gracos, quando os apresentava como as suas únicas jóias.
>
> Se lançarmos uma vista retrospectiva sobre os homens notáveis de todos os tempos, havemos de enxergar na infância de cada um a manifestação de uma atividade que vem mais tarde glorificá-lo perante a história.
>
> Os Estados seguem a mesma marcha em seu desenvolvimento.
>
> No Brasil, portanto, ainda há verdadeiramente idéias; sustentar o contrário fora transtornar o curso das coisas, e querer desconhecer a sabedoria das leis divinas, que regem as maravilhas da criação.

O que temos são tendências para boas ou más idéias.

Batem-se hoje em luta de morte dois partidos — o conservador e o progressista.

Um bate-se à espada; o outro, a cabeçadas.

O primeiro, grande e generoso, caminha com passos firmes para uma idéia; o segundo é uma tendência raquítica e enfezada que o sol da reflexão mirrará um dia.

Quereis conhecer o conservador ou o progressista?

Estudai-lhes as tendências.

É para esse estudo de observação que eu convido o leitor. A filosofia, disse um grande homem, consiste em observar os fatos que se passam ao redor de nós.

Segurai em dois homens no meio da rua.

Um caminha com passo grave, e leva em sua fisionomia o selo da seriedade. O outro vai fazendo ziguezagues pela calçada, e em cada gesto trai uma capadoçagem.

O primeiro é conservador; o segundo, progressista.

Entre um e outro há o mesmo abismo que entre a ordem e o caos.

As tendências revelam-se até pelo andar.

O conservador, caminhando a passo firme e certo, revela no mais pequeno movimento um plano de conduta; o progressista, sempre sem porte, caminha ao acaso por toda a parte.

Estudai os dois homens falando.

Este, cheio de critérios, conta o caso como o caso foi, e em poucas palavras dá o seu recado.

Aquele vai buscar a perífrase para narrar o fato o mais insignificante, acotovela os ouvintes, abre parênteses para falar de si, e acaba por desvirtuar o que conta, quando não prega uma peta.

Um é conservador; o outro é o progressista.

O primeiro, acostumado à ordem, forma estilo por amor da verdade; o segundo, anárquico por tendência, revoluciona a frase, assentando proposições incidentes sobre a oração principal, decapitando períodos, divorciando o verbo do sujeito, e fazendo soçobrar a verossimilhança debaixo deste temporal desfeito.

O conservador narra, o progressista inventa.

Estudemos os trajes.

A diferença ressalta à primeira vista.

O homem que enverga uma sobrecasaca preta, cujas calças, colete e gravata se impõem pela seriedade da cor, cujos sapatos sempre engraxados são um pretexto contra o desleixo, tal homem não precisa descerrar os lábios para se definir — é conservador.

O progressista fotografa-se em tudo o que traz sobre si. O colete amarelo em divergência com a calça azul, o chapéu velho e a botina acalcanhada formando um grotesco contraste com a roupa nova, as luvas mofadas e ressequidas, tudo isto denuncia-o logo.

Ainda mais.

A roupa com que o conservador sai de casa é a mesma com que transpõe à noite os umbrais do lar doméstico; espírito de ordem, não vereis no peito de sua camisa a mais ligeira prega.

O progressista, antes de pôr o pé na rua, já tem deixado cair os cordões da ceroula, besunta-se em todas as paredes, arrebenta logo no primeiro espirro um botão da calça, encapela o chapéu ao dobrar uma esquina, e, quando à noite recolhe-se à casa, traz a anarquia em cima de si: o colete vem apenas preso por dois botões, a gravata, tendo feito uma viagem desastrada ao redor do pescoço, ostenta o seu laço empoeirado na gola do paletó, os cabelos caem-lhe em desalinho pela fronte.

Estudados no lar doméstico, o conservador e o progressista apresentam pontos de incontestável diferença.

O primeiro, educado sob os mais belos princípios, segue a uniformidade nos mais pequenos atos da vida. Almoçando e jantando a uma hora certa, ocupa a cabeceira da mesa, rodeado da prole, tendo à destra a mulher.

Na casa do segundo, cada um almoça e janta à hora que lhe convém; quem chega vai se sentando e comendo.

O filho do conservador, o primeiro nome que balbucia é o de papá.

O do progressista também aprende a balbuciá-lo.

Há diferença todavia entre esses dois termos.

O papá daquele quer dizer pai; o deste é o verbo papar.

O conservador ensina o filho a rezar o bendito, e educa-o nos princípios da mais sã religião.

O progressista obriga-o a aprender modinhas e lundus da Bahia, e industria-o em gaifonas para divertir as visitas na sala.

O conservador tem família por dever; o progressista, por luxo.

(...)

O conservador, temente a Deus, adora-o com fé robusta.

O progressista ou é carola, ou cai no extremo oposto da impiedade.

(...)

O progressista lança à margem as grandes questões vitais e faz da niilidade um cavalo de batalha.

Quereis conhecer ainda o progressista e o conservador?

Estudai-os em um baile.

O primeiro, leviano e indiscreto, a primeira frase que dirige à dama com quem dança, em falta de matéria para conversação, é logo uma inconveniência: pergunta-lhe que idade tem.

O segundo, colocado em idênticas circunstâncias, ou cala-se, ou disserta sobre o calor.

O conservador é discreto e sabe guardar as conveniências; o progressista distingue-se pela leviandade.

Se descermos aos irracionais, e, mais ainda, até o reino vegetal, havemos de encontrar entre os indivíduos das diversas espécies tendências mais ou menos pronunciadas para o progressismo e para as idéias conservadoras.

O macaco, espírito de imitação, é progressista.

Não se poderá dizer outro tanto do castor, que, empenhado em coisas sérias, fabrica ele próprio a sua casa, e procura com o trabalho alcançar meios de subsistência que lhe garantam o futuro.

A formiga é conservadora.

A cigarra, cantadora de modinhas, é por índole progressista.

Entre os vegetais são também visíveis os pontos de diferença.

O progressista é por natureza insidioso e traiçoeiro.

Estas duas qualidades reúne o agrião, que, sob o aspecto verde negro de suas folhas, esconde a venenosa cicuta.

> O cogumelo também é progressista (...)
>
> Devo todavia, ao terminar estas linhas, uma explicação ao Partido Liberal, por não tê-lo incluído entre os partidos que hoje se batem.
>
> Tive minhas razões para fazê-lo.
>
> Há dias, conversando com um distinto membro desta seita, disse-me este em confidência, e eu em confidência também comunico aos leitores: o Partido Liberal é muito grande; mas falta-lhe uma cabeça.
>
> Logo, tirei eu muito logicamente a conclusão — quem tem cabeça não vai para um tal partido.
>
> À vista do exposto, resolvi por enquanto eliminá-lo da luta, até que apareça o que lhe falta.[9]

Na época, dei boas risadas com a comicidade do folhetim, hoje, relendo-o, chego a achá-lo de mau gosto, me desculpando do amigo. Os partidos são todos iguais e as diferenças externas escondem a cumplicidade escondida.

Mas o caminho já foi longo demais. Foram tantas polêmicas, tantas guerras que mal tive tempo de cuidar de minha vida pessoal, eu que gostava tanto da tranqüilidade da Tijuca.

Minha esposa — casei um pouco tarde, antes de começar o calvário, em 1864 — e meus filhos carecem de minha atenção e vejam como isso é sério. Passei esse tempo todo falando de mim e não toquei nos nomes deles, e o pior é que acho que eles é que terão de cuidar de mim.

Deixei uma obra e disso me orgulho. Não são simples páginas de papel, possíveis de serem avaliadas pela quantidade. Dei ao Brasil uma tradição e uma cultura, desenhei suas singularidades e as dou, como herança, ao povo. Façam bom uso, fiquem atentos para os inimigos da nação.

Vocês acham que chegarei à posteridade?

Um homem de idéias

Vida amarga e dura a do intelectual do século XIX, fundador da literatura brasileira. Alencar atuou em várias frentes. Não deixou pedaço do Brasil livre de suas indagações. Constituiu-se num intelectual incomum no século XIX, porque utilizou todos os instrumentos capazes de fazer com que suas idéias fossem divulgadas e sua presença confirmada nos debates.

Essa atividade tão cheia de possibilidades é que nos resta apurar, especialmente alguns pontos que abrem caminho para o reconhecimento da complexidade do século XIX brasileiro no campo das idéias. Alencar atribuiu a si próprio a construção de uma nação moderna, vindo daí seu afinco e os constantes choques, que não resultavam de sua casmurrice mas de sua vontade política.

Cazuza nasceu, em 1829, na cidade de Mecejana, na província do Ceará, no dia 1º de maio. Para a maioria de seus biógrafos, as condições físicas da região agiram sobre a sua personalidade, provocando nele uma dureza de caráter.

Essas formulações, sabemos nós, originam-se das concepções dos vários determinismos que campearam no século XIX. Mas, sem dúvida, sua educação e o modo de vida de sua família contribuíram para a formação de uma pessoa atenta ao que se passava a sua volta.

De sua mãe, o escritor herdou a austeridade e da avó, d. Bárbara de Alencar, ficou-lhe a vontade tenaz de levar as coisas às últimas conseqüências, como só podia resultar de uma mulher que atuou na Revolução de 1817. O retrato de Cazuza não pode prescindir da figura do pai, o senador José Martiniano de Alencar, que, mesmo ausente, representou o seu modelo de rigidez nas atitudes morais.

Outra marca importante do escritor foi o cultivo da natureza como elemento de entrada em suas descrições e reflexões. Seu olhar sobre a natureza deu-lhe as primeiras caracterizações do Brasil, os primeiros sentimentos do lugar da pátria na vida dos homens do século XIX.

Assim, a sua personalidade foi forjada na luta e animada pelo otimismo do progresso, tranformando-o em uma das chaves para a compreensão do século XIX. A inteligência fez com que suas experiências fossem uma constante integração entre discernimento e sensibilidade. A frenética produção transformou-o num homem inquieto:

> Ele soube tirar o máximo proveito da vida colegial, tendo primazia na classe, praticando os conselhos paternos e tirando partido do seu temperamento privilegiado. Não se transviou na vida acadêmica, evitando as más companhias e dedicando-se ao estudo, não só para vencer as dificuldades da falta de preparo fundamental, como também aparelhando-se para a fulgurante carreira literária, sem esquecer os seus deveres de estudante de um curso jurídico.[10]

Reuniu todas as atividades na medida em que as combinava com a sua vontade política e tinha consciência de que era bom no que fazia, como relatou Araripe Junior:

> Cedo levaram-no à consciência do próprio valor e encheram-no de um tal ou qual orgulho, que o obrigou a afastar-se do que é vulgar, e a concentrar-se em si para criar novos alentos.[11]

Essa impressão do crítico é confirmada pelo visconde de Taunay:

> Tinha Alencar convicção dessa verdade e daí, em parte, as suas maneiras esquivas e penetradas de frio orgulho, que não lhe atraíam simpatias pessoais, nem consentiam formar-se escola em contato imediato com sua individualidade.[12]

Isso resultou numa atitude fechada na vida pública que lhe atraiu inimigos e possibilitou aos críticos acentuarem a sua vaidade e o seu orgulho, como no embate com o imperador em torno da sua candidatura ao Senado:

> Preferiu sacrificar a pasta do ministério que lhe dava destaque no mundo político, cargo que desempenhava com relevo e brilho, abandonando todas as vantagens de uma situação cômoda e até desertando das fileiras políticas, a seguir o conselho do monarca. Queria mostrar o seu prestígio pessoal, embora tivesse a certeza do sacrifício, pois devia saber que, mesmo obtendo a maioria de sufrágios na sua província natal, não seria escolhido na lista e teria o castigo de sua rebeldia.[13]

A imaginação de Cazuza provém de várias fontes, mas duas delas estão na família: a sua mãe, d. Ana Josefa, e o seu tio, o reverendo Alencar, aquele que lhe ensinou, entre outras coisas, a gostar de charadas. O primeiro trabalho foi um romance histórico inspirado por um amigo, o coronel Joaquim José de Souza Sombra, herói do movimento sedicioso de Exu, mas o rascunho se perdeu em alguma viagem ou em alguma mudança.

Contrabandistas, obra em que se percebe a influência de suas leituras dos escritores franceses, é o primeiro romance. Durante sua estada em Olinda, em 1848, esboçou dois outros romances — *O guarani* e *Iracema*. Nessa época, o escritor era apaixonado por Chateaubriand e Walter Scott. O romance desse período foi na fumaça do cachimbo de um hóspede da república onde Alencar morava em São Paulo.

Após concluir o seu curso de direito, Cazuza, diante das opções de negócios que tinha, investiu parte do seu tempo na experimentação literária, que compreendeu os romances, a crítica, os textos políticos e o jornalismo. *Cinco minutos* e *A viuvinha* foram os romances iniciais desta nova etapa de vida. O primeiro saiu sob a forma de folhetim no *Diário do Rio de Janeiro*, do qual ele era redator-chefe, sendo saudado pela crítica pela elegância na formação das frases e pela simplicidade do vocabulário. O sucesso de *Cinco minutos* foi além da comunicabilidade do romance; era a atmosfera da cidade do Rio de Janeiro, presente na trama, que atraía o público.

A viuvinha teve uma história atrapalhada e curiosa. Cazuza revia os originais com a idéia de publicá-los no *Diário do Rio de Janeiro*, e chegou a publicar alguns capítulos, quando soube que seu irmão, Leonel Alencar, sem sua autorização, publicara, na forma anterior, parte do romance na revista *Livro de Domingo*, e o escritor teve de abortar a continuidade da edição do folhetim, mesmo sob pressão do público.

Mas foi com *Iracema* que esse laboratório adquiriu força, principalmente no tocante à capacidade de descrever personagens, cenários e situações.

Embora as experiências se sucedessem e fossem proveitosas, a crítica torturava o escritor, apresentando-o como um leviano que fazia dos seus romances o seu ganha-pão. Cazuza respondeu às críticas com raiva, dando uma lição do seu método e de sua clareza teórica:

> *A literatura nacional, que outra coisa não é senão a alma da pátria, que transmigrou para este solo virgem com uma raça ilustre, aqui impregnou-se da seiva americana desta terra que lhe servia de regaço; e a cada dia se enriquece ao contato de outros povos e ao influxo da civilização.*
>
> *O período orgânico desta literatura conta já três fases.*

> *A primitiva, que se pode chamar aborígene, são as lendas e mitos da terra selvagem e conquistada, são as tradições que embalaram a infância do povo, e ele escutava, como o filho a quem a mãe acalenta no berço com as canções da pátria, que abandonou.*
>
> Iracema *pertence a essa literatura primitiva, cheia de santidade e enlevo, para aqueles que veneram na terra da pátria mãe fecunda — "alma mater", e não enxergam nela apenas o chão onde pisam.*
>
> *O segundo período é histórico: representa o consórcio do povo invasor com a terra americana, que dele recebia a cultura, e lhe retribuiu nos eflúvios de sua natureza virgem e nas reverberações de um solo esplêndido.*
>
> *(...)*
>
> *É a gestação lenta do povo americano, que devia sair da estirpe lusa, para continuar no novo mundo as gloriosas tradições do seu progenitor. Esse período colonial termina com a Independência.*
>
> *A ele pertencem* O guarani *e* As minas de prata.
>
> *(...)*
>
> *A terceira fase, a infância da nossa literatura, começada com a independência política, ainda não terminou; espera escritores que lhe dêem os últimos traços, e formem o verdadeiro gosto nacional, fazendo calar as pretensões hoje tão acesas de nos recolonizarem pela alma e pelo coração, já que não podem pelo braço.*[14]

Nessa primeira produção nota-se a profissão de fé de Cazuza: o Brasil. Mas O *guarani* foi a concretização dessa fase, como se ele tivesse chegado à perfeição e iniciasse o nosso romance histórico. Mesmo sob forte experimentalismo, o escritor não desdenha as contribuições de seu tempo e recuperou em *Iracema* e *Ubirajara* os primeiros momentos do indianismo de Gonçalves de

Magalhães e Gonçalves Dias. Machado de Assis tinha toda a razão ao dizer que a obra de Alencar não deixava canto do Brasil intocado, seus romances são retratos do país.

As suas pesquisas suscitaram críticas que tentaram desfazer a qualidade histórica de sua obra. No entanto, ele nunca pretendeu fazer história, mas usar a história. Por isso, leu o *Peregrino da América*, de Nuno Marques Pereira, assim como apaixonou-se pelo O *Forasteiro* de Macedo e pelo *Dugnay Trouian*, de Martins Pena.

O autor de O *guarani* foi um dos raros intelectuais do seu tempo que não era sócio do IHGB e só apareceu na *Revista do Instituto* por conta da reprodução de suas atuações políticas. Mas soa estranho, de qualquer jeito, que um homem envolvido pelas pesquisas, incluindo-se aí os estudos sobre o cancioneiro popular, não tenha tido assento no IHGB.

A visão do jornalismo crítico levou-o, quando de sua demissão do gabinete, a criar um jornal que ironicamente chamou de *Dezesseis de Julho*, data da constituição do gabinete:

> Mesmo para a defesa da sua atitude política no gabinete de 16 de julho, não procurou conquistar as simpatias de um jornal correligionário. Preferiu fundar o órgão, definido pela data da sua ascensão política, de parceria com seu irmão.[15]

Mas foi como romancista que Cazuza instituiu um novo modo de processar a narrativa:

> Os lineamentos do romance histórico de Alencar são muito diferentes dos que caracterizam a obra dos seus mestres citados e divorciam-se inteiramente dos seus predecessores em Portugal e no Brasil. Ele não seguiu a trilha de Alexandre Herculano, Pereira da Silva, Martins Pena, Macedo e Joaquim Norberto. Preparou a fusão do lirismo brasileiro com as cenas históricas, romantizou os personagens; pintou as paisagens com tintas originais, preparadas na palheta de sua fértil imaginação; fez o amálgama dos fatores da sua individualidade, realizando

> um tipo composto, um caso de perfeita evolução, atuando como resultante de vários componentes.
>
> Constitui, portanto, uma individualidade própria.[16]

As opiniões sobre O *guarani* reforçam a linha renovadora do literato na construção de uma narrativa que expresse sua intervenção:

> Em O *guarani* ele visou às origens da nacionalidade brasileira, criando o símbolo do nosso passado nobre, da aristocracia portuguesa... (...)
>
> Concebendo desse modo O *guarani*, não participamos da opinião dos nossos críticos que, excetuando Araripe Junior, condenaram o indianismo de Alencar.
>
> Para nós, O *guarani* é o poema comemorativo da formação da nacionalidade brasileira; é o hino que canta a natureza, a terra origem, recamada da densa floresta e sulcada de rios caudalosos que serpeiam entre alcantis e se despenham em massa, de grandes alturas, precipitando-se sobre rochas infratuosas.[17]

Mas, o período posterior ao ministério modificou a forma e o conteúdo da narrativa do literato:

> Observa-se nos romances publicados sob o pseudônimo de Senio, isto é, depois de haver renunciado à pasta ministerial, sensível alteração no fundo ou na essência das suas produções literárias. Alencar, com a desilusão sofrida e os conseqüentes desgostos, adquiriu feição pessimista, tornou-se acético, estancando repentinamente o estilo impregnado de otimismo que caracterizou as obras da primeira fase.[18]

O escritor agora revelava os seus dons de vingança, assumia a sua imagem de poeta armado, visivelmente identificada pelos críticos:

> O romancista cearense era de temperamento raivoso, alma vibrátil e de muita sensibilidade. Não é estranhável, portanto, que os dissabores experimentados na carreira política, os desenganos em relação ao meio onde se desenvolvia a ação do homem público e os ataques inopinados de alguns confrades do pequeno mundo literário repercutissem na sua faculdade de inspiração.[19]

Araripe Junior, sempre pronto a defender o seu parente, comentou:

> O que antes me parece é que, a contar de 1865, graves perturbações foram determinadas pela política na vida do artista, o que, juntando-se a uma concentração violenta das funções em um ponto definido, deu lugar a que penetrasse em sua economia um elemento novo e mórbido, que veio tornar-se depois a nota mais aguda do instrumento.[20]

Magalhães de Azeredo também teceu comentários sobre a mudança, enfatizando o lado da arte:

> Demais, entendimentos afeitos à independência da produção literária, aspiram sempre a uma autonomia pessoal apenas em raríssimos casos conciliável com as exigências da política. No escritor, a concepção e a execução correspondem estritamente uma à outra, e só a sua própria vontade as dirige e modifica; no estadista, a concepção há de por força amoldar-se às circunstâncias externas, sofrer o jogo dos fatos e do meio, disfarçar-se, submeter-se, abdicar por vezes na aparência, porque o homem, se quer

> governar os acontecimentos, deve antes de tudo deixar-se governar por eles... Essas e outras divergências não chegam sem dúvida a estabelecer incompatibilidade absoluta entre o político e o artista; mas obrigam este a um tirocínio, sobre difícil, perigoso, que pode conduzi-lo a desastres irreparáveis; e, de tal verdade, sobejas provas nos fornece a história.
>
> Certo, a carreira política de Alencar foi brilhante, notáveis as suas campanhas parlamentares, real o seu prestígio no partido a que se filiou. Mas daí lhe vieram os primeiros desgostos, as durezas e injustiças mais amargas, que depressa envelheceram a sua alma, e prematuramente abriram a segunda fase de sua existência, fase de dissabores, de tristezas íntimas e de pessimismo cruel.[21]

O objetivo do literato permanecia o mesmo, o da formação do espírito de nacionalidade, desvendando o passado e exaltando as peculiaridades brasileiras, só que agora, com um afinco quase sobrenatural. Manteve também as idéias que moldaram sua personalidade de intelectual de vanguarda, como a influência do romantismo francês e o idealismo espontâneo; sua simplicidade e poesia na narrativa descritiva; a sua delicadeza na composição dos tipos femininos e na urdidura das situações:

> Os seus sentimentos estéticos repelem a realidade e extasiam-se no domínio do idealismo, desdenhando o método de observação e falseando, portanto, a psicologia dos personagens.[22]

O teatro também constituiu-se em um laboratório. Para os críticos, o teatrólogo sempre foi realista, antecipando a estética introduzida mais tarde. Sua entrada já foi um grande sucesso. De um lado, porque, como sempre, o escritor varreu a produção anterior e inspirou-se nela para dar forma aos seus temas; de outro, porque arriscou um teatro que equilibrava o drama e a comédia, trazendo seus personagens do cotidiano da crônica mundana.

O texto *O demônio familiar*, de 1857, tratou do tema da Abolição, antes mesmo que ele se tornasse comum como tema público. Vieram depois *O crédito*, peça psicológica inspirada em Dumas Filho; *Verso e reverso*, também de 1857; *As asas de um anjo*, de 1860, censurada pelo Estado; *A mãe*, de 1862; *A expiação*, de 1865; e *O jesuíta*, de 1875, que foi um enorme fracasso e provocou a polêmica com Joaquim Nabuco.

Sobressai também, nesse período, a pena do crítico, em 1856, com as oito cartas no *Diário do Rio de Janeiro* sobre "A confederação dos tamoios", de Gonçalves de Magalhães. No jornal *O Globo* escreveu um conjunto de cartas sobre o cancioneiro popular brasileiro e a poesia sertaneja, que mais tarde adquiriram a forma de livro, criticado por Sílvio Romero. *Vate bragantino* é um momento de tensão com o escritor português José Feliciano de Castilho, por conta da tradução deste das *Georgicas*, e que atraiu para a polêmica o escritor brasileiro, também cearense, Franklin Távora.

Juntam-se a esses os prefácios, as notas e os apêndices incluídos em seus romances. Romances com notas? Com introduções? Sim. A atenção e o cuidado de Alencar transformaram seus romances num espaço de indicação de chaves de leitura. Dizem alguns que isso se mantém em sua obra por conta das críticas — antes que elas aparecessem, Alencar já indicava o sentido de sua obra; outros acentuam o seu traço narcisista como responsável.

Na avaliação do poema "A confederação dos tamoios", o escritor conduziu a sua crítica utilizando o método de Boileau e Perrault quando da querela entre antigos e modernos na França do século XVII:

> Assim começou Alencar, admitindo que o tema de Magalhães daria ensejo a uma divina epopéia, se fosse tratado por Dante; porquanto o assunto é belo e "realçado pela grandeza de uma raça infeliz e pelas cenas da natureza esplêndida de nossa terra".[23]

A crítica já antecipava o futuro do romancista:

> E, dissemo-lo em relação ao romance, o romantismo teve por função o exame retrospectivo, através da crônica, da lenda e da história, perscrutando o passado. Era, portanto, natural que Magalhães fosse buscar a inspiração na primeira fase de nossa existência.
>
> Perante cenário dessa natureza, a sua visão não podia deixar de ser estreita, convergindo para o indianismo. Despertou-se nele o sentimento da comiseração pela raça oprimida, expulsa do solo nativo e sentindo as agruras do cativeiro; a perseguição sem tréguas e a escala de sofrimentos decorrentes do domínio dos invasores.
>
> Surgiu, então, a lenda que fez estimular o patriotismo subordinado à defesa dos aborígenes, e todos os gêneros literários renderam homenagem a esse culto.[24]

Cazuza criticava a causa do poema de Magalhães e não o assunto ou o tema, que até indicou como louvável. A necessidade de dar base e aperfeiçoamento à crítica levou-o aos cronistas e historiadores, como modo de restituir a verdade histórica, como se observa em outras críticas e nas respostas às críticas feitas a ele.

Foi o caso do texto do conselheiro Homem de Mello. Cazuza iniciou a sua crítica tecendo um elogio à iniciativa do historiador de compilar documentos raros sobre a história do Parlamento brasileiro, apreciando o conflito entre a Coroa e a Assembléia Constituinte que determinou o ato de dissolução em 12 de novembro de 1823. Para ele, os argumentos de Homem de Mello não tinham sustentação, pois deixavam de levar em conta a ordem, aparentando em sua crítica uma posição conservadora, uma vez que considerava que, se não tivesse havido a dissolução, o país entraria num longo conflito como aquele que se registrou mais tarde.

Também escreveu biografias. Entre elas, a do marquês de Paraná, em 1856, e a do seu pai, José Martiniano Alencar, para a Galeria dos Brasileiros Ilustres. Nas biografias, havia uma em especial que revelava o cuidado no tratamento das coisas do Brasil e da crítica, que é a carta endereçada a Machado de Assis, na qual lhe apresenta Castro Alves, que revelava, para além da imaginação, o culto da forma e o estilista apurado. E definiu, assim, o seu método de descrever:

> *Para descrever a nossa sociedade colonial é necessário reconstruí-la pelo mesmo processo de que usam os naturalistas com os animais antediluvianos. (...) eles recompõem a carcaça, guiados pela analogia e pela ciência.*[25]

A atividade de jornalista também confluiu para a literatura e a política. Usando o pseudônimo Al, Alencar escreveu, em 1854, no *Correio Mercantil*, a crítica ao projeto de lei que modificava o regime hipotecário. E foi a partir de setembro de 1854 que iniciou "Ao correr da pena", substituindo Francisco Otaviano. Nessas crônicas inaugurais, era o cotidiano que falava. Elas foram matéria-prima para o teatro e o romance.

Dedicou-se também à seção "Forum", na qual apreciava temas jurídicos e sociais. No *Jornal do Commercio*, atuou como crítico literário, mas foi sua atuação no *Diário do Rio de Janeiro* que lhe deu expressão pública e notoriedade:

> Aí revelou o seu espírito combativo, as suas qualidades de polemista leal e cortês, os predicados de um jornalista consumado e a erudição de um publicista de renome. Manifestou as qualidades de político, revelando coragem, ardor em suas convicções, extraordinária fecundidade intelectual, visão rigorosa e justa, e amplo descortino.[26]

A partir de então, transformou-se num aficionado pelo trabalho:

> Pode-se afirmar que a vitória alcançada na profissão de jornalista, defendendo a causa dos conservadores e, sobretudo, das magnas questões, de interesse vital para o Brasil, garantiu-lhe o êxito na pretensão decorrente da carreira que trilhou com brilhantismo. O jornalista fez-se político, sem abandonar o posto de combatente.[27]

Sua atividade de jornalista só perdeu continuidade quando Alencar passou a se dedicar à política, com sua eleição para deputado em 1860. O retorno ao jornalismo só se deu em 1869, dirigindo o *Dezesseis de Julho*, folha política que manteve até 1870 com o irmão Leonel Alencar e que serviu de tribuna para defender-se dos ataques dos críticos e dos políticos quando de sua saída do ministério:

> *...para se defender dos ataques e insinuações do jornal conservador* Diário do Rio de Janeiro, *que, segundo a voz geral, recebia inspirações diretas de outros membros prestigiosos do ministério, barão de Cotegipe e Paulino de Souza.*[28]

Sua última produção política no jornalismo foi O *protesto*, periódico de 16 páginas que teve cinco números — o sexto ficou no prelo com a sua morte, em 1877. Em O *protesto* combateu o evolucionismo de Darwin e o monismo de Haeckel, bem como o positivismo de Littré e Laffite e a reforma literária de Zola contra o romantismo, e a favor do naturalismo.

A atuação política do deputado Alencar dividiu-se em duas áreas de interesse que se conectam por suas ações. A da representação política, onde estudou comparativamente várias formas de governo, preocupado em compreender o Poder Moderador e suas relações com o poder pessoal do monarca e a representação da sociedade na política; e a da reflexão teórica da política, através do exame dos pressupostos e princípios que nortearam a história das formas de representação política, abrindo caminho para a produção de um conjunto conceitual invejável e que lhe deu respaldo para formular as suas críticas ao quadro político brasileiro do Segundo Reinado.

Na época dizia-se que havia quatro modos de ingressar na carreira política. O primeiro, como jornalista; o segundo, através do controle da política local, permanecendo em sua área de origem. O terceiro, por matrimônio, quando este se fazia com uma descendente de uma família de influência, e o quarto como advogado ou médico. Alencar possuía os requisitos um e quatro.

A estréia, em 1860, se deu em plena crise política, aberta pela política de conciliação do gabinete do marquês do Paraná. Ao abrir a administração e o Parlamento para a oposição, seguindo um programa de estabilidade do regime, de espírito de tolerância indispensável ao progresso por ser o elemento fundamental da ordem e do concurso de todos os homens de valor do Império, colocou contra si membros do próprio Partido Conservador.

A tentativa de conciliação criou reações negativas como a do deputado Angelo Ferraz, que rompeu com Paraná. Em 1864, o governo apresentou o projeto de reforma judiciária à Câmara, e lhe foi oferecido por Francisco Otaviano o *Correio Mercantil*, para defesa de seus argumentos, cabendo a Alencar redigir a parte forense e a Salles Torres Homem, a financeira.

Esse debate possuía antecedentes que vinham da reação de Justiniano José da Rocha ao modo de se processar a conciliação, incorporando a noção da transação. Após a morte de Paraná em 1856 o novo gabinete, sob a presidência de Araújo Lima, manteve a política de conciliação.

Foi em meio a esse debate que Cazuza estreou, já tendo cunhado o termo revolução pacífica quando apresentou suas idéias nas primeiras "Cartas de Erasmo". A dificuldade de se fazer ouvir levou-o a manter a publicação dos seus discursos e de suas cartas endereçadas ao povo e ao imperador. A partir daí, começaram as dificuldades, pois o seu diagnóstico da política imperial causou espanto tanto aos liberais como aos conservadores, pelas denúncias de incompetência dos partidos.

Assim o escritor descreveu esse novo momento:

> *O único homem novo e quase estranho que nasceu em mim com a virilidade foi o político. Ou não tinha vocação para essa carreira, ou considerava o governo do Estado coisa tão importante e grave, que não me animei nunca a ingerir-me nesses negócios. Entretanto, eu saía de uma família para quem a política era uma religião, e em que se haviam elaborado grandes acontecimentos da nossa história.*[29]

As "Cartas de Erasmo" foram uma radiografia da crise vivida pelo Império. Nove foram dirigidas ao povo. Uma ao marquês de Olinda e outra endereçada ao visconde de Itaboraí sobre a crise financeira. As críticas de Cazuza eram irônicas e terríveis. Fazia o que bem entendia, não respeitava hierarquia e disciplina partidárias. Essas cartas discutem tudo, desde a organização do Estado até o sistema eleitoral, como no exemplo da terceira carta:

> *Devo falar-vos do povo.*
>
> *Mas onde está ele, que o não vejo?*
>
> *Nas urnas só acho as cédulas pagas à nota ou descontadas com promessas de pingues empregos e depreciadas condecorações.*
>
> *Os três poderes do povo, como os chama Brongham, a imprensa, o júri e os comícios, apenas vislumbram.*
>
> *A imprensa está bem desenhada nesta grande capital que mata as folhas públicas e só fomenta as gazetas industriais. O júri, ônus indispensável, de que se esquiva o cidadão, ainda mesmo pagando. Os comícios, espetáculos divertidos, nos teatros públicos quando não são o rosnar da fome, como em 1860.*
>
> *Que resta, Senhor, do país? Há alguma parte onde viva ainda e pulse a soberania?*
>
> *O povo inerte, os partidos extintos, o parlamento decaído! ... Restam, é verdade, alguns cidadãos eminentes abrigados na tribuna vitalícia; como as relíquias do Senado Romano, espe-*

ram tranqüilos em suas casas o momento de morrer com a liberdade que amaram.

São poucos, porque estão descridos; mas acendei-lhes a fé no coração enregelado, e se tornarão fortes e vigorosos. Com esse elemento do passado podereis ainda corrigir a têmpera desta geração caquética.[30]

O conteúdo das cartas permite-nos ter uma idéia da visão política do crítico Alencar sobre o Estado, mostrando sua independência com relação ao próprio Partido Conservador. Para Arthur Motta, a individualidade política do escritor revelou-se, nas cartas, por nove itens centrais:

1. insurgiu-se contra a acusação geral de que o monarca exercia poder pessoal;

2. lastima que o imperador não faça interferências nas decisões do governo;

3. a Guerra do Paraguai mostrou a nossa fraqueza, já que tivemos que entregar o comando supremo do Exército a Mitre e afastar Caxias;

4. apelo ao imperador para assumir o governo do Estado;

5. as origens dos males estão ligadas à ausência de partidos com programas estáveis e bem definidos;

6. a história dos nossos partidos mostra as falhas e as indefinições; os liberais são os nacionalistas, e os conservadores são os que defendem interesses econômicos perniciosos;

7. os remédios:

   O único meio eficaz de salvar o país, Senhor, é a união firme dos homens de bem, de que sois o chefe legítimo contra a imoralidade. É a aliança sincera da realeza com a democracia, para regenerar o elemento aristocrático, restringindo sua influência perniciosa, e inoculando-lhe novos brios e estímulos que o preservem da corrupção.[31]

8. a diferença entre o Poder Moderador e o Executivo;
9. como realizar o programa? Estabelecendo a verdade eleitoral e dissolvendo o Congresso legislativo oriundo da fraude e do fantástico reconhecimento de poderes; escolhendo um estadista de envergadura moral para chefe do gabinete, cercado de auxiliares honrados, ativos e talentosos; moralizando a administração pública, com a punição inexorável dos maus funcionários e o estímulo dos leais servidores do país; exercendo, enfim, vontade própria, estribada nos desejos da nação.

As "Cartas ao Povo" discutem os mesmos temas, com uma escrita mais direta como no caso da Guerra do Paraguai, denunciando a Tríplice Aliança como uma vergonha para o país por causa da aliança com inimigos e porque Mitre tornou-se o chefe supremo no lugar de um brasileiro. A guerra, na opinião do crítico, foi definida às escondidas, no gabinete.

Nas novas "Cartas políticas ao imperador", os temas inserem uma nova questão: a emancipação dos escravos:

> José de Alencar tentou provar a impossibilidade do extermínio da praga que nos infestava, analisando as conseqüências econômicas e financeiras que adviriam para o país, e estudando a sorte da raça oprimida perante a liberdade súbita.[32]

Estas cartas e a sua atuação política despertaram a atenção do imperador que, usando de sua generosidade e tolerância, segundo Arthur Motta, levou ao visconde de Itaboraí o seu nome para ministro no gabinete de 16 de julho de 1868.

A composição do gabinete ficou assim: presidente do Conselho e ministro da Fazenda — visconde de Itaboraí; ministro do Império — Paulino José Soares de Souza; ministro da Justiça — José de Alencar; ministro dos Estrangeiros — visconde do Rio Branco; ministro da Marinha — barão de Cotegipe; ministro da Guerra — visconde de Muritiba; e ministro da Agricultura, Comércio e Obras Públicas — Joaquim Antonio Fernandes Leão.

Dos ministros, dois, ao longo da atuação do gabinete, colocaram-se radicalmente contra a presença do romancista por tratar-se de um literato: Paulino José Soares de Souza — ministro do Império, e o barão de Cotegipe — ministro da Marinha. Mais tarde, por conta da lei de 1871 sobre a emancipação dos escravos, Cazuza também colocou-se em oposição ao então visconde do Rio Branco. Apenas dois ministros e o presidente do Conselho não o atacavam. Eram eles o visconde de Muritiba — ministro da Guerra e Joaquim Antonio Fernandes Leão — ministro da Agricultura, Comércio e Obras Públicas.

A atuação do ministro-literato foi sóbria e competente. A sua primeira iniciativa foi a reforma da polícia, retirando dela as funções judiciais e abrindo espaço para uma reforma mais ampla do Poder Judiciário. Além disso, passou a ser o ministro que respondia a mais questões no Parlamento, resultado das suas iniciativas.

Uma das oportunidades mais representativas da sua vontade de agir foi a defesa do gabinete quando dos ataques do deputado mineiro Penido, que defendia os interesses do poder local. As questões envolveram a cobrança, por parte do deputado, da revogação de um decreto que aposentara alguns magistrados, e a punição ao juiz da comarca do Paraná, associada à nomeação de novos juízes de direito quando os avulsos ainda não estavam encartados e, por último, a discussão da guarda nacional.

Em agosto de 1869, novamente entra em cena para defender o gabinete da acusação de ser um obstáculo ao progresso e um elemento de reação às iniciativas de modernização da nação.

Nessas críticas estavam também presentes os conflitos oriundos da sua forma de trabalhar. Impressionados com a agilidade do escritor, seus inimigos voltaram a bater na velha tecla de que ele era melhor literato do que ministro. A resposta veio de forma raivosa, como comentou Arthur Motta. Além disso, passou a ter saudades da literatura:

> — satisfazia-se com os louros de sua carreira literária da qual confessava ter saudades, porque a ela devia as mais vivas satisfações e alegrias dos momentos mais felizes da vida.[33]

Ainda em agosto de 1869, voltou à tribuna para tratar da reforma policial. Foi sua última atuação, como ministro, no Parlamento. Nessa oportunidade, também bateu forte na questão da intromissão da Casa de Suplicação de Lisboa nos negócios brasileiros.

No Senado, teve que enfrentar Zacarias de Góes, Saraiva e Silveira Neto. O ministro-literato foi pressionado quanto às suas idéias, principalmente as contidas nas "Cartas de Erasmo", e sobre o voto das graças do imperador. A discussão foi de baixo nível. Zacarias, que havia sido presidente do Conselho de Ministros anterior, tentou ridicularizá-lo chamando-o de "fanadinho", por sua constituição física, afirmando, mais uma vez, a incompatibilidade entre a política e a literatura.

A resposta do ex-ministro foi fina e rápida:

> *No Partido Liberal há uma espécie de trindade indiana, a trimurti. As três pessoas são o princípio criador, o sr. Nabuco; o Conservador, o sr. Saraiva e o destruidor, o sr. Zacarias.*[34]

O debate com Silveira Neto começou com estes argumentos do inimigo do escritor: "O sr. Alencar chegou ao ministério por essas memoráveis cartas, em que mostrou saber belamente fabricar o doce mel da lisonja".[35]

Segundo Arthur Motta: "Não podiam, absolutamente, os políticos do Império, mesmo os correligionários, tolerar a franqueza, a independência e o orgulho do ministro da Justiça".[36]

O que incomodou os políticos foi que Alencar continuou desvendando as mazelas do governo. Seu espírito de neutralidade nos assuntos da nação amedrontou as elites que se locupletavam de riquezas e de autoridade. Ao lado da atenção competente que Alencar dispensou aos negócios do ministério, o escritor-político continuou a estudar com afinco a história política do Brasil, principalmente no tocante à formação dos partidos políticos. E publicou o panfleto *Páginas da atualidade — os partidos*, em que, entre outras proposições, encontramos esta:

> *Os partidos não se organizam como exércitos, pelo recrutamento; nem se disciplinam pela obediência passiva. Há em seu seio luta intestina, discussão livre, domínio da maioria e resistência da minoria.*[37]

A discussão em torno do surgimento de novas forças políticas, como os republicanos e os progressistas, foi censurada pelo deputado Alencar, que não via com bons olhos a fragmentação partidária, não porque fosse contra novos partidos, mas porque ela mantinha os vícios anteriores e propunha a união de conservadores e liberais para que fosse mantida a organização do país.

José Murilo de Carvalho[38] nos falou do período através da imagem do "teatro de sombras"; é exatamente contra essas sombras que Cazuza se bateu, denunciando as ações dos poderes locais contra a nação e a fraqueza do imperador na condução de sua prerrogativa da soberania.

As coisas se complicaram para ele quando se aproximaram as eleições para renovação do Senado. Profundo conhecedor das mazelas eleitorais, o deputado percebeu que era preciso continuar defendendo as reformas, e para isso achou que o cargo de senador lhe daria a possibilidade de levar adiante o seu projeto. Outra razão havia. Ele teria tempo suficiente para desfazer a rede de intrigas do "teatro das sombras". Além disso, a situação no Ceará era complexa, tanto que levou à anulação da primeira eleição para o Senado.

Contra Alencar, sua atitude de candidato abriu a possibilidade de um novo campo de críticas de seus inimigos no ministério. Por isso, a questão da candidatura vinculou-se a sua saída do ministério. Pereira da Silva, deputado na época, avaliou assim a saída dele do posto de ministro:

> Procurei conhecer os motivos que a causaram e pareceu-me razoável o que se me afirmou a respeito. Demitira José de Alencar o chefe de polícia da província do Pará. O juiz despeitado veio ao Rio de Janeiro, procurou alguns chefes oposicionistas e, a seus conselhos, dirigiu-se

ao Paço de São Cristóvão e apresentou-se em audiência ao imperador.

Comunicou a S. Majestade que se incumbira de investigar e colher provas de crimes praticados por vários cidadãos do Pará, e que em suas diligências conhecera cúmplices em habitantes do Ceará, agentes poderosos de eleições. Atribuía a sua demissão ao ministro da Justiça, que ambicionava lugar na lista sêxtupla eleitoral, a que se devia brevemente proceder nesta última província.

Ouvira-o S. Majestade, e prestou fáceis ouvidos à sua narrativa. Suspeitava de todos os políticos que se envolviam em manejos eleitorais. Confundia uns com os outros e a todos imputava mais ou menos exigências indébitas, contra adversários e proteção aos amigos e auxiliares. Alencar pareceu-lhe deste número, e desde logo se lhe diminuiu a confiança no ministro da Justiça.

Ao propor-se José de Alencar candidato à senatória pelo Ceará, sua província natal, e da qual era representante na Câmara dos Deputados, dirigiu-se ao imperador e, conforme o costume tradicional dos ministros em exercício, solicitou sua aquiescência.

Respondeu-lhe S. Majestade que era seu direito apresentar-se candidato, mas que lhe parecia muito moderno na carreira política, e outros candidatos da província mais antigos, e de serviços igualmente, poderiam considerar-se assustados com a inclusão do nome de um ministro na lista senatorial.

Percebeu Alencar a indisposição de S. Majestade e pediu imediatamente sua demissão de ministro, a fim de pleitear livremente e como particular, perante os comícios do povo. Pretendeu assim provar que podia ser eleito, fora do poder, e sem auxílio oficial.[39]

Para o visconde de Taunay, as razões decorriam da aplicação das idéias das "Cartas de Erasmo", quanto às reuniões secretas do Conselho de Ministros, sem a presença do soberano a fim de preservar a diferença entre reinar e governar, buscando, na teoria de Alencar, os melhores princípios do modelo de governo da Inglaterra.

Esse, para Taunay, teria sido o pomo da discórdia, pois colocou contra ele outros membros do conselho, alguns por ciúmes do escritor, outros para destruí-lo politicamente, e outros, ainda, por puxa-saquismo ao imperador.

As críticas do deputado Alencar continuaram depois de sua saída do ministério. De volta ao seu mandato de deputado, esmerou-se em combater o governo e os seus representantes, afastando-se das idéias de seu partido, o conservador. Para ampliar a frente de sua luta, fundou, ironicamente, um periódico chamado *Dezesseis de Julho*, data de inauguração do Gabinete Itaboraí. Seu intuito principal era o de rebater as críticas que lhe eram feitas pelo barão de Cotegipe e por Paulino de Souza, através do *Diário do Rio de Janeiro*. Logo do *Diário do Rio de Janeiro*, que havia ganhado expressão sob a sua direção e no qual o escritor-político ganhou notoriedade no jornalismo.

Para os comentadores e críticos, foi a sua candidatura ao Senado que lhe fechou as portas do ministério e de qualquer cargo no Executivo:

> Afirmou uma vez certo jornalista, muito relacionado no mundo político, que José de Alencar lhe referiu o diálogo com o soberano, quando a este fora anunciar a apresentação definitiva do seu nome no pleito que se ia travar no Ceará.
>
> Servindo-me das palavras do articulista vou reproduzi-lo fielmente, tanto quanto as palavras trocadas são bem naturais, com bom cunho de autenticidade, e devem ter servido de ponto inicial, já para a irritação, desde aí patente, de quem se julgou logo lesado em seu direito; já para o procedimento do Poder que tinha de dizer a última palavra na questão.

O imperador, observa o jornalista, foi franco (graças a Deus, uma vez, pelo menos, se lhe fez essa justiça) e Alencar desabusado.

— No seu caso, não me apresentava agora, o senhor é muito moço.

O símile que o ministro achou para a réplica mais que amplamente justifica o qualificativo desabusado, que é até bem fraco em relação ao desabrimento da resposta, acusação formal e descabida.

Aquilate-se com alguma imparcialidade:

— Por esta razão, Vossa Majestade devia ter devolvido o ato que o declarou maior, antes da idade legal...

E com a habilidade que lhe era peculiar, vendo talvez que o golpe fora demasiado rude, derramou um pouco de bálsamo na ferida aberta:

...entretanto, ninguém até hoje deu mais lustro ao governo.

— Bem sabe que obedeci a uma razão de Estado.

— É também uma razão de Estado para um político não desamparar o seu direito...

— Faça como entender, dou uma opinião...

— Que vale uma sentença...[40]

A saída, sob a forma de demissão ou de exclusão, interessou pouco na época; o que criou maior *frisson* foi o desafio de Cazuza. Os seus partidários fincaram o pé na sua dignidade, chamando atenção para a falta de confiança do imperador num ministro que já havia mostrado a sua competência e o rigor de sua moral, demonstrada pela não-escolha, na lista sêxtupla, do primeiro colocado na votação.

Os seus inimigos saudaram com palmas a sua saída, denunciando as suas ações como comprometidas com os interesses locais, aproveitando-se da veiculação do episódio relatado pelo visconde de Taunay. Contudo, o deputado Alencar venceu a eleição e colocou-se em primeiro lugar na lista, anunciada em 12 de dezembro de 1869: Alencar — 1.185 votos; dr. Jaguaribe — 1.112 votos; Manoel Bernardes — 1.109 votos; Domingues — 1.103 votos; Figueira de Melo — 1.040 votos; Araújo Lima — 1.023 votos.

Todos os candidatos incluídos na lista eram conservadores. No início do ano, no dia 9 de janeiro de 1870, Alencar, ainda ministro, foi ao Palácio de São Cristóvão para se ver com o imperador. Arthur Motta sugere que tenha acontecido o seguinte diálogo:

> — Alguma novidade? Perguntou surpreso o monarca.
>
> — Simplesmente coisa que me é relativa. Venho apresentar a Vossa Majestade a exoneração do cargo que ocupo nos Conselhos da coroa.
>
> — Por quê?
>
> — Desacordo com alguns colegas, que vai, cada vez, se acentuando...
>
> E acrescentou com decisão:
>
> — Demais, desejo deixar a mais ampla liberdade à Vossa Majestade na questão do Ceará... em que sou parte.
>
> — Então o senhor quer destravá-la da confiança coletiva que inspira o gabinete?
>
> — Exatamente...
>
> — Muito refleti e acho que este passo é da minha dignidade.
>
> — Bem... está conforme com o que o senhor expendeu em relação ao Poder Moderador.[41]

No dia 10 de janeiro, Cazuza não era mais ministro e em 27 de abril o imperador escolhia como senadores o segundo colocado — o dr. Jaguaribe, e, para surpresa de todos, o quinto colocado — Figueira de Melo. Na época, circulou que a exclusão do terceiro colocado, Manoel Bernardes, teria sido feita para dar a impressão de que o que valeu foram os critérios do imperador, os mesmos por ele apresentados a Cazuza, muito moço e com muito tempo pela frente. A sua exclusão beneficiou não o terceiro, mas o quinto colocado.

O marquês de Muritiba, talvez o seu único aliado de fato no Conselho de Ministros, revelou que indicou ao imperador o nome do ministro da Justiça, ressalvando, no entanto, que o monarca possuía a liberdade de escolha e, segundo a praxe, o imperador teria comunicado sua decisão sobre a escolha ao conselho antes de comunicar ao Parlamento.

Excluído do ministério e da eleição de senador, Cazuza retornou à Câmara e continuou redigindo o *Dezesseis de Julho*. Seu retorno transformou-se numa guerra que lhe aumentou o calvário. Todos queriam saber das razões da crise e tomaram-no como o grande culpado; Cazuza nunca possuiu tantos inimigos. Os ataques foram pesados.

Foi interpelado sobre todas as questões, desde sua atuação no ministério até sua posição diante da emancipação da escravidão. Mas o deputado Alencar, com mais raiva ainda, contra-atacou, indagando do porquê do projeto de créditos para a festa da vitória na Guerra do Paraguai. Toda idéia apresentada por ele era comparada a sua atuação no ministério, como no episódio da acusação feita por Pereira da Silva de que ele não tinha realizado a reforma judiciária, que agora solicitava. E eis a resposta:

> *Declarei-o quando disse que eu tinha reconhecido que era um obstáculo e ao mesmo tempo um motivo de divergências no seio do gabinete. Era um obstáculo, porque eu impedia a realização do plano político do gabinete; era um motivo de divergência, porque eu impedia a união de duas facções que tendiam a aproximar-se, e com efeito se aproximaram. Os quatro meses decorridos mostram que eu tinha razão: a coesão se fez, o ministério se apresenta ou se diz solidário.*[42]

Ao lado dessas questões políticas apareceram as pessoais que envolviam especialmente a acusação de que o ex-ministro queria provocar uma crise política com suas ações no ministério, para transformar-se no presidente do conselho. Ele passou a ser mais atacado pelos ex-colegas de ministério, dificultando a sua defesa por conta de seus sentimentos da coisa pública. Um dos casos mais marcantes no âmbito do Conselho de Ministros foi a promoção do marquês de Caxias a duque. Na ocasião, Alencar discordou e enviou seus motivos ao colega visconde de Muritiba, ministro da Guerra:

Ilmo. Exmo. sr. barão de Muritiba. (Confidencial)

Vou expor a V. Exa. como prometi, as razões por que hesito em concordar com a opinião de meus colegas sobre a concessão imediata do título de duque ao Exmo. sr. marquês de Caxias. O ilustre general merece do país por seus relevantes serviços o maior galardão: mas este deve, para honra de ambos, do país como do general, não só ter o cunho da legitimidade, porém merecer consagração do voto nacional. A Constituição confere ao Poder Executivo no artigo 102, Q, II a atribuição de conceder títulos, honras, ordens militares e distinções em recompensa de serviços feitos ao Estado. Entendem muitos que essa atribuição pode ser concedida discricionariamente, não só concedendo o Poder Executivo as distinções, como criando-as a seu arbítrio. Minha opinião diverge. Penso que em nosso país só há um poder criador, que é o Legislativo, expressão da vontade nacional. Os mais são poderes meramente de aplicação. No exercício dessa atribuição do artigo 102, Q, II, nosso governo, na falta de uma lei regulamentar, adotou os estilos que vigoravam em Portugal, e que têm sido os nossos desde a criação do Império. Se desde então se faz sentir a necessidade de uma lei que ratifique esses estilos, muito mais quando se trata de inová-los, admitindo-se uma distinção de subido valor até hoje desconhecida em nosso país. Concedido em virtude dessa lei e portanto previamente consagrado pelo voto nacional, o título terá realce digno dos gloriosos serviços que a Nação deseja remunerar na pessoa do Exmo. sr. marquês de Caxias. A in-

tervenção do Poder Legislativo neste caso não é somente reclamada pelo espírito da Constituição, como por uma necessidade pública do maior alcance. Nos governos como o nosso de base democrática é sempre de sábia política obter do próprio elemento popular as instituições mais aderentes ao trono e mais próprias a robustecer a Monarquia. Confesso que tamanha satisfação terei em concorrer para que a Assembléia Geral decrete uma tal remuneração correspondente à glória de Caxias; quanto me incomoda a idéia de tomar parte, como ministro, na criação de uma nova espécie de título, por ato do Poder Executivo. Talvez me engane, mas se não é essa a lição que tenho dos países constitucionais representativos, quando se trata de conferir a um cidadão benemérito algum prêmio extraordinário, é o Poder Legislativo que se incumbe como o mais competente de exprimir a gratidão nacional. Outras razões que atuaram em meu espírito estão hoje felizmente prejudicadas por circunstâncias posteriores. Sou com estima e consideração.[43]

Esta correspondência expõe com clareza as posições do deputado Alencar, revelando o seu compromisso com a nação e o desejo de ver a política consagrada pela força do Poder Legislativo.

O ex-ministro não desejava revelar o que sabia do período do ministério, por ser segredo de Estado, motivo pelo qual ele esboçou a sua defesa com mais atenção:

Desde que entrei para o gabinete achei-me tolhido pelo mau estilo da nossa administração, estilo que parece modelado para enervar a atividade de ministro. As menores questões, os mais insignificantes negócios são levados a conferências e despachos: daí, senhores, a intervenção dos ministros em pastas alheias, daí a interferência necessária, embora talvez involuntária, da Coroa em negócios de mero expediente.

Logo em princípio entendi que devia reclamar contra este estilo; mas receei que me taxassem de precipitado. Era preciso que adquirisse mais experiência para dar à minha dissolução a necessária autoridade.

Senhores, entendo que o sistema representativo, o verdadeiro sistema representativo, não comporta outro estilo de administração que não seja o da Inglaterra. Ali, senhores, cada ministro administra em sua pasta, e o ministério solidário dirige a política do país sob a presidência do primeiro ministro e sob a suprema inspeção do chefe de Estado. Este é o único sistema que, na minha opinião, concilia a dignidade e os brios do ministro com as conveniências do serviço público.

Entretanto, senhores, enquanto houve harmonia e confiança no gabinete, a posição era sustentável; mas, encerradas as Câmaras, o nobre ministro da Marinha, sem dúvida no louvável empenho de servir o país, de auxiliar a minha inexperiência, o nobre ministro, fundado nos estilos administrativos, me pareceu que procurava prevalecer na pasta que eu dirigia.

(...)

Senhores, desde que assim apreciei a situação, eu pedi ao nobre presidente do Conselho... Devo declarar que S. Exa., me autorizou, no dia da minha declaração, a dizer francamente o que entre nós se passou a respeito da minha retirada.

Julgo, portanto, que não posso ser censurado por expor agora os fatos perante esta Câmara.

No dia 8 de setembro pedi uma conferência ao nobre presidente do Conselho, e esta conferência teve lugar dia 11; era minha intenção expor a Sua Exa., a situação como eu a apreciava; S. Exa., nessa ocasião, tomando a palavra, disse-me que notava que havia divergência no gabinete, e estava disposto a dissolvê-la, por diversos motivos, sendo um deles que o sr. ministro da Marinha mostrava-se desgostoso, e que, sem cooperação eficaz desse nobre ministro, o gabinete não podia continuar. Então eu disse a S. Exa., que sendo eu a causa de desgosto do nobre ministro da Marinha, estava pronto a retirar-me do governo, e que S. Exa., devia fazer ao partido o sacrifício de reorganizar o ministério.

Dias depois, por ocasião da exoneração do meu ilustre colega o sr. ex-ministro da Agricultura, eu repeti a S. Exa. as mesmas palavras, disse-lhe, se bem me recordo, que eu não serviria de obstáculo a qualquer organização.

No dia 21 de dezembro, S. Exa. pediu-me autorização para dizer ao sr. Cotegipe, o qual se tinha declarado incompatível comigo, que pedira demissão. Dei verbalmente a S. Exa. esta autorização, e uma hora depois enviei-lhe uma carta concebida nestes termos: — Tendo de completar-se o gabinete, a minha retirada remove as dificuldades de reorganização. Rogo a V. Exa. que solicite a S. M. o Imperador a minha demissão.

S. Exa. nímia bondade insistiu duas vezes para que eu retirasse a minha carta; diz agora S. Exa. que por alguns dias; creio realmente que esta era a sua intenção. Eu, porém, recusei terminantemente e declarei a S. Exa. que não era mais ministro. Ou o gabinete se dissolvesse, ou o gabinete se reorganizasse, a minha demissão estava pedida desde o dia 11 de dezembro; desde que S. Exa. me disse que o sr. Cotegipe se havia declarado incompatível comigo, e desde que S. Exa. acrescentou que sem o sr. Cotegipe o ministério não podia marchar, meu procedimento não podia ser outro.

S. Exa. apresentou algumas razões para demorar a reorganização do ministério; mas não me demoveram, e S. Exa. acaba de declarar à casa que recebeu dias depois uma carta minha insistindo pela demissão. Nessa carta não dizia que a dúvida me era incômoda.[44]

A ação deletéria do barão de Cotegipe é contraposta pelo deputado Alencar, ao final de seu discurso, quando solicitou-lhe explicação para as seguintes questões: a de apresentar-se candidato ao Senado sendo ministro, e a tenacidade das suas opiniões que acabaram por se tornar um defeito para o governo: "Depois de o honrado deputado fazer um juízo, decidindo-se por um lado, não cede mais".[45]

A resposta de Alencar foi a seguinte:

> *Reconheço com S. Exa. que tenho esse defeito ou essa qualidade, se quiser qualificá-la. E somente sinto que as minhas forças morais e físicas não dêem a essa tenacidade a robustez e o vigor que eu desejava.*
>
> *S. Exa. disse-nos que a tenacidade, sendo uma virtude individual, torna-se no governo um grande defeito.*
>
> *Senhores, isto é um paradoxo que eu ouvi pela primeira vez; é um paradoxo próprio unicamente destes tempos de descrença, de indiferença e de flacidez moral. Sempre pensei, e ainda penso, que a preponderância e a influência do governo na sociedade cabem ao* justum ac tenacem propositi virum, *ao homem justo e tenaz de Horácio. São as almas fortes, de rija têmpera, que no governo absoluto dominam os povos, e no governo constitucional os dirigem.*[46]

Quanto ao problema de candidatar-se sendo ministro:

> *Ora, senhores, eu duvido, duvido, repito, duvido que isto fosse uma razão de incompatibilidade do nobre ministro da Marinha comigo.*
>
> *Pois, senhores, eu posso capacitar-me de que o nobre ministro da Marinha viesse aqui lançar remoques contra o ilustre orador baiano, o sr. João Maurício Wanderley, esse membro distinto da antiga patrulha, o qual sendo ministro da Marinha em 1856 apresentou-se candidato à senatória pela Bahia? Não posso crê-lo; e ainda mais quando este abarcamento foi acompanhado de uma circunstância: o nobre ministro da Marinha não tinha 40 anos...*[47]

E citou mais três colegas de gabinete que se apresentaram, em variadas épocas, como candidatos, quando ministros. A saída do barão de Cotegipe, esvaziados os seus argumentos, foi de colocar contra o ex-ministro todo o restante do gabinete e o Partido Conservador, dizendo que foi a sua vaidade que causou todos os constrangimentos.

Em 20 de julho, o deputado Alencar apresentou um projeto de emancipação dos escravos por meio indireto, para mostrar como a sua revolução pacífica poderia ser realizada e para provocar aqueles que ainda alimentavam esperanças de afastá-lo da vida política.

Depois dessas tensões, ele passou a viver sua "velhice precoce" e procurou dedicar-se a deixar para a posteridade o relato do que havia se passado com ele. Preparou por isso um texto que teria o nome de "Dezoito meses no poder" e queria publicar os seus discursos parlamentares de 1870, seguidos dos artigos escritos no *Dezesseis de Julho*.

A vontade de Cazuza era publicar tudo que havia escrito sobre política, não só sua participação no Parlamento, mas também suas reflexões e polêmicas. A raiva decorrente da situação vivida o fez um pessimista e um oposicionista que atacou, por exemplo, os custos e o sentido da viagem do imperador à Europa.

O que ficou de Alencar, nos anos posteriores a sua morte? A sua memória foi salva, em parte, por Machado de Assis. Interessa-nos, para concluir, relacionar os textos de reflexão política e procurar entender as suas proposições e idéias.

Os dois textos principais que merecem nossa atenção são o "Sistema Representativo" e a "Reforma Eleitoral", republicados recentemente com um estudo de Wanderley Guilherme dos Santos. O sistema representativo é um texto que o ex-ministro maturou desde 1859 e que completou por volta de 1875. A tese central da representação política mexeu muito com os seus contemporâneos, que alardearam a idéia de que o escritor apresentava uma mudança radical no cenário do poder local, ao discutir a questão eleitoral pela via da representação quantitativa e da qualificação dos eleitores. Havia também a novidade do voto secreto e obrigatório.

O jurisconsulto, coerente com os princípios da boa-fé, tornou o assunto objeto de sua predileção, refletiu com calma, meditou sobre o magno problema em todos os seus ângulos e converteu as suas idéias em um livro sobre o sistema representativo, acompanhado de um esboço de lei e conciliando o princípio da representação com o modo da eleição. E, embalado pela ingenuidade do sonho, escreveu no prefácio:

> *O voto é o elemento da soberania; a representação, o meio de concentrar a vontade nacional para a organização do poder público. Os princípios que regulam essa personalidade política são imutáveis como os da personalidade civil; pertencem aos conservadores como aos líderes dos países representativos: não são propriedade do povo que os conquistou pela civilização.*[48]

Aceita a idéia da representação como a base do governo democrático, que se empenhasse algum partido em deturpar e corromper o princípio cardeal do organismo político, no desígnio de lhe diminuir a força. A verdade sobre o voto, desde que este é consagrado pelas instituições do país, deve ser a mira de todos os homens sinceros.

O que gradua a democracia ao estado de instrução e moralidade do povo é a extensão do poder e sua divisão. Onde a delegação for ampla e por largo prazo, haverá menos democracia do que no país em que a soberania constituinte apenas outorgue aos seus representantes atribuições restritas e por breve termo.

Alencar organizou a obra da seguinte maneira:

> I. delegação da soberania considerada em sua generalidade — representação;
>
> II. delegação da soberania em relação ao direito do cidadão — voto;
>
> III. regra para tornar-se efetiva a delegação da soberania — eleição.

Ao fazer a digressão sobre a história das formas de governo, o jurisconsulto fixou, seguindo Montesquieu, os princípios ordenadores da forma democrática: a probidade, a honestidade, a virtude como condições essenciais. É, portanto, do modo pelo qual o povo exerce a soberania de voto que depende o bom governo.

No tocante à qualificação, se não presidirem o escrúpulo, o bom senso e a clarividência necessárias na organização do censo, na qualificação dos eleitores, ficará o Estado à mercê dos caprichos e da vontade dos que conduzem a maioria. E se o conjunto de homens irresponsáveis que constituem essa maioria não tiver o discernimento preciso e a capacidade de eleger os seus representantes, permanecerá a minoria, que excede em qualidade e em competência, sujeita aos azares e ao arbítrio dos "carneiros de Panurgo".

É indispensável, por conseguinte, que, além de presidir o critério na qualificação, reduzindo os inconvenientes ao mínimo possível, haja respeito e garantia de representação do partido adverso.

> José de Alencar, com a sua autoridade comprovada de constitucionalista, abordou o estudo do tema, dissertou proficientemente sobre o princípio da representação, analisando o caso de falseamento tão comum, apreciando as democracias originária e representativa e expôs vários sistemas de eleição visando à genuína formação do Poder Legislativo, pelo método indireto.
>
> Examinou, em seguida, a natureza, o exercício, a competência e a emissão do voto, para apresentar as suas idéias fundamentais sobre a organização eleitoral, condensando-as, no fim do volume, em um esboço de nova lei eleitoral.[49]

O cenário e a vida

Todos nós sabemos que o século XIX foi pródigo em projetos de construção da nação brasileira. A tradição da presença desses projetos impregnou as primeiras leituras de todos nós. As belezas naturais, as características positivas de nosso solo, a democracia racial, a manutenção da unidade territorial são alguns dos aspectos valorizados por essas leituras. Todos esses aspectos são associados ao desenvolvimento do romantismo brasileiro e à sua função mobilizadora dos elementos que nos dão a tradição de um país do futuro.

Essa aparente tranqüilidade na explicação resultou de um debate intelectual e político que se arrastou por todo o século XIX e que redundou naquilo que identificamos como a geração de 1870, portadora do sentido do Brasil moderno. Mas que debate foi esse? Aparentemente, a história traduziu esse debate através de uma interpretação linear, talvez até dialética, no sentido de sua retórica, que culminou numa síntese que, eliminando as tensões e as diferenças, reuniu elementos opostos passíveis de serem formadores de valores nacionalistas.

Ao realizar essa síntese, a história praticamente terminou com a riqueza dos projetos de nação do século XIX, acentuando apenas a relevância daquele que venceu, aliás, sem dificuldades, porque no século XIX, especialmente em sua segunda metade, a sociedade reconheceu a direção do imperador e a estabilidade política que resultariam no progresso. Quando os demais projetos eram mencionados, enfatizavam-se seus argumentos despropositados ou ridículos.

Em geral, entretanto, era preciso mostrar que as tensões existiram e, do modo mais fácil, instituíram a oposição entre liberais e conservadores, colocando o imperador acima desse imbróglio e qualificando-o como o orientador de uma nação moderna porque seu representante máximo gostava de fotografia. Esse tipo de abordagem destituiu o país de idéias.

De qualquer maneira, a historiografia, trabalhando sempre com dicotomias, celebrou a existência de interesses divergentes. Mas foi a historiografia literária aquela que permitiu um melhor ângulo de observação do período, mormente por conta da idéia, que circula até hoje, de que a literatura no século XIX era história, pelo menos no âmbito da crítica.

Assim, de um lado, o Brasil Imperial foi caracterizado como tensionado entre aqueles que vinculavam as tradições brasileiras à cultura ocidental e, nessa perspectiva, havia alguns que ainda reduziam a presença portuguesa a uma experiência negativa que indicava a necessidade de radicalizar posições em torno da herança fatídica lusitana.

Nessa primeira interpretação, o uso da negatividade ibérica, especialmente no que se refere à colonização, abria duas direções. A que implicava um processo de modernização capitalista influenciado pelo modelo europeu, e que definia identidades entre o Brasil e as áreas, na América, de ocupação espanhola.

A outra direção era a daqueles que consideravam o moderno e o novo como resultantes e possíveis a partir da denúncia das mazelas portuguesas e do olhar experimental das qualidades naturais do Brasil, recuperando determinados aspectos de nossa história em que os sinais de tensão e de renovação já apareciam como indicadores de um novo caminho.

As diferenças entre as duas posições, denominadas por Afrânio Coutinho ocidentalistas e brasilistas,[50] são evidentemente muitas e revelam o grau de complexidade do debate do século XIX, especialmente porque ele envolveu a constituição inicial de nossa história intelectual.

Nesse aspecto, os problemas oriundos da dicotomia atrapalharam a identificação da qualidade do debate, levando ou à impressão de que as idéias estavam fora do lugar ou de que estavam mesmo no lugar; todos que faziam referência aos autores estrangeiros possuíam essa identidade ocidental, enquanto os que chamavam atenção para a natureza e o meio brasileiros eram os brasilistas. A simples menção a um dos aspectos já caracterizava as posições.

O resultado foi a sensação de que no Brasil nada se criava e que as idéias moviam-se mais por critérios de ação política ou econômica. Sem tirar a importância da discussão sobre a escravidão, os seus estudos acabaram mascarando os outros temas. Além disso, é importante observar que, se a história não conseguia avançar na produção da interpretação, a literatura politizou o debate e acumulou a função de identificadora dos elementos que compunham nossa cultura e interpretadora dos sinais de futuro do Brasil.

É nesse cenário que encontramos o nosso autor, José de Alencar, apelido Cazuza. As impressões iniciais de quem o estuda são de que seus críticos e comentadores só fazem repetir essas marcas do século XIX, ou seja, o aprisionam no seu tempo e fazem com que responda às interrogações sempre repetindo as verdades comuns.

Ora Alencar é um literato que ficou com raiva do imperador e resolveu fazer política. Sua raiva aumenta quando passa a observar as mazelas daqueles que só querem ver realizados os seus interesses, elegendo-o como o grande defensor da coisa pública. Ora Alencar é associado a sua tradição familiar. Sua vida foi a expressão de determinações que tiveram origem na atividade política de seu pai, velho revolucionário, que se envolveu nas principais questões políticas da primeira metade do século XIX.

Essa associação determinou, segundo essa tendência explicativa, uma atitude de recolhimento e isolamento da política que seria responsável por sua opção literária.

Nenhuma dessas formas de explicação é satisfatória, e devemos tentar, eliminando as dicotomias sem excluir seus dados, buscar uma alternativa de caminho que reabilite o Alencar que é político porque é escritor e é escritor porque é político. Essa busca poderá nos ajudar a colocar algumas perguntas que poderão fazer avançar o conhecimento sobre aspectos ainda não tratados do século XIX. Entre eles, a questão do bacharelismo, as discussões em torno da polarização entre liberais e conservadores e o debate em torno da função dos intelectuais numa sociedade escravista.

A fundação de uma literatura

Tóquio — A ópera O *Guarani*, de Carlos Gomes, baseada no romance do mesmo título, de José de Alencar, depois de percorrer meio mundo e todo um século desde o Scala de Milão (onde estreou a 19 de março de 1870), passando pela Inglaterra, Califórnia e Rio de Janeiro, vai ser agora exibida aos japoneses, dia 7 de setembro próximo, nesta capital. *Folha de S. Paulo*, 24-6-1979.

Os manuais de história da literatura brasileira, em sua grande maioria, associam o romancista-literato ao que se convencionou chamar de o momento fundador de uma literatura, entendendo essa fundação como uma inversão do olhar, até então dominante, que tomava elementos estranhos aos meios físico e social brasileiros para explicar o que aqui se passava. Alencar, junto com Gonçalves de Magalhães, Porto-Alegre e Torres Homem, seria um dos construtores desse novo olhar, caracterizado pela busca daquilo que era especificamente brasileiro.

O romancista-literato, um pouco à frente daqueles que criaram a revista *Niterói*, destacava-se por associar ao olhar, à observação e ao conhecimento da realidade a sensibilidade do artista, embora quase todos apontem para a idealização como resultado desse olhar ou o critiquem por falar de lugares e costumes que ele jamais viu. Mesmo assim, o literato teve o papel de rasgar o véu que encobria a grandeza do Brasil.

O seu romantismo reuniria as qualidades do nativismo, oriundo das experiências de oposição ao domínio português, e as novas idéias de fundação da nação moderna.

Dessa forma, a literatura associava-se à política e fundava a literatura nacional, criando a base para a fundamentação de uma nova sociedade na América. Foi após a Independência que se instauraram as condições de realização da nação. Assim, a literatura acumulou elementos, qualificou situações e, o mais importante, produziu uma tradição, delegando aos políticos a constituição institucional. O Brasil estava fundado, faltava defini-lo legalmente. Não era tarefa fácil, e a literatura e a história manteriam a sua presença, nessa necessária construção da nação.

A associação entre a nação e o romantismo aparece no texto de Maria Helena Rouanet:

> Entre as diversas afirmações ou caracterizações encontradas em livros para definir o romantismo, uma delas tem merecido algum destaque: a estreita relação existente entre esse movimento artístico e a questão da nacionalidade. No caso brasileiro, esta relação é geralmente privilegiada em função da coincidência cronológica entre o surgimento da chamada "Escola Romântica" e a independência política do país que, deixando de fazer parte do Reino de Portugal, assumia o seu lugar como Nação no mundo ocidental.[51]

A ação dos intelectuais do Segundo Reinado visou a fazer com que os brasileiros se vestissem com as cores do país, o que antecipou, de certa maneira, a reflexão de Machado de Assis sobre o instinto de nacionalidade, segundo a qual a dimensão da nação surgia como unidade de indivíduos conscientes: "A literatura tomou parte nesse projeto de construção da nacionalidade e desempenhou, aí, uma função efetiva."[52]

Isso despertou as inteligências para o estudo das peculiaridades encontradas no país, ou a visão necessária de uma "natureza ao pé da letra".

O ano de 1836 foi o marco inicial e oficial da fundação do romantismo brasileiro. Nesse ano, houve a publicação de *Suspiros poéticos e saudades* de Domingos Gonçalves de Magalhães, e a revista *Niterói* lançou, também de Magalhães, *Discurso sobre a história da literatura do Brasil.*

O romancista-literato surgiu, nesse cenário, com destaque: "José de Alencar destaca-se no panorama do século XIX pela tentativa de elaborar uma história geral da civilização brasileira, existente através de seus romances".[53]

Os aspectos marcantes dessa forma de narrativa de Alencar são:

> Em primeiro lugar, a linguagem coloquial e, por isso mesmo, de fácil acesso do romance cedo revelou o veículo ideal para a difusão de conceitos que, de outra forma, permaneceriam de difícil apreensão, dado o caráter abstrato da exposição filosófica ou o caráter técnico da narrativa historiográfica.[54]

Os resultados são vários, mas um em especial se destaca, que é a relação entre a narrativa do Brasil e a história:

> No caso de Alencar, a relação entre os discursos da história e da literatura foi detalhada por Valéria di Marco, no seu livro *A perda das ilusões: o romance histórico de José de Alencar* (1993). Além de demonstrar que episódios tratados em *O guarani* haviam sido objeto de debate erudito nas páginas da revista do IHGB, a autora anotou uma "coincidência" intrigante. No tomo XVII, de 1854, Joaquim Norberto de Souza publicara um artigo que analisava o papel histórico de dom Antonio de Mariz, um dos personagens centrais de *O guarani*. Alencar, portanto, dialogava ativamente com os textos da revista, buscando assim tanto atrair seu público quanto oferecer

uma interpretação alternativa de fatos. Ainda em O *guarani*, em uma das primeiras notas que apôs ao texto, Alencar esclareceu a fonte de referência relativa a d. Pedro da Cunha:

> "Deste projeto de transportar ao Brasil a Coroa portuguesa, fala Varnhagen na sua história do Brasil."[55]

João César acentua que não se trata de uma relação simples, pois o literato nunca teria se submetido à autoridade dos historiadores. E isso leva João César a oferecer uma interpretação alternativa como "segundo ponto da relação de complementaridade entre história e literatura na obra de José de Alencar".[56]

O reforço dessa complexidade aparece nos romances históricos, nos quais a noção de história estaria presente no seu texto:

> Nos romances indianistas, Alencar não se limitou a compensar as lacunas do conhecimento histórico com intuições ficcionalmente apresentadas. Não se tratava exclusivamente de fornecer imagens ante a impossibilidade da apreensão conceitual ou fatual do passado. Nas copiosas notas apensas aos textos, Alencar contestava sem-cerimônia os relatos dos cronistas e as interpretações que os historiadores haviam proposto. Selecionaremos passagens dos três romances nos quais se vislumbra a autonomia interpretativa pretendida por Alencar.
>
> O *guarani* — O título que damos a esse romance significa o indígena brasileiro. Na ocasião da descoberta, o Brasil era povoado por nações pertencentes a uma grande raça, que conquistara o país havia muito tempo, e expulsara os dominadores. Os cronistas ordinariamente designavam esta raça pelo nome Tupi, mas esta denominação não era usada senão por algumas nações. Entendemos que a melhor designação que se lhe podia dar era a língua geral que falavam e naturalmente lembrava o nome primitivo da grande nação.[57]

Assim, a fundação, atribuída a Alencar, não ocorreu de forma tranqüila.

O imperador Pedro II percebeu que a constituição da nação, ou melhor, a estabilidade política do governo passava pela organização de uma unidade de pensamento em torno da natureza brasileira. Essa unidade tenderia a manter a configuração territorial após os embates dos anos 1830 e 40 e, ao mesmo tempo, construía o caminho do progresso com um projeto civilizacional no qual a Corte seria a referência obrigatória. Com isso se efetivava a centralização política e se estabelecia os vínculos de reciprocidades entre o poder central e o poder local através da organização administrativa.

Nesse aspecto, o desenvolvimento de uma cultura nacional seria o coroamento dessa política, colocando o imperador acima da sociedade e da política, e reforçando sua autoridade de moderador. Além disso, expressão literária criaria os meios de desenvolver uma tradição que legitimasse de uma vez a brasilidade do imperador. Por outro lado, mantinha os nossos intelectuais vinculados ao projeto, controlando-os através da censura real e do mecenato da Corte.

A necessidade de produzir um projeto para o Brasil levou o imperador a solicitar a produção de uma epopéia nacional que alardeasse e promovesse uma história da nova nação. Isso ocorreu com a produção, apresentação e publicação do poema "A confederação dos tamoios", de Gonçalves de Magalhães.

O imperador jamais desconfiaria de que a produção da epopéia viesse a gerar um divisor de águas. A polêmica produzida em torno do poema de Magalhães rompeu a unidade da fase ultra-romântica, desfazendo a coesão dos intelectuais em torno do projeto e anunciando outras possibilidades que iam além do controle da Corte. Alencar foi o representante dessa primeira ruptura, porque ele inaugurou a polêmica em torno de "A confederação dos tamoios", dirigindo para si o olhar do imperador, que viria a se intrometer pessoalmente na questão.

Muitos atribuem sua atitude a uma certa ingenuidade no conhecimento dos meandros da política, pois, nesse momento, o escritor, depois de se formar em direito pela Faculdade de São Paulo, dedicou-se a duas atividades paralelas: o direito e o jornalismo.

Como um homem meticuloso em tudo que realizava, Cazuza fez com que a relação entre o jornalismo e o direito fosse além de uma mera sobrevivência.

Segundo Mário de Alencar, seu filho, as características intelectuais do pai seriam, entre outras, a agilidade de pensamento, a força dialética, a agudeza da inteligência, a rapidez na apreensão dos fatos e a palavra fácil e brilhante.

A incursão na crítica se deu no debate polêmico sobre "A confederação dos tamoios", que foi o seu primeiro contato com o projeto civilizacional da Corte, primeiro momento de tensão política de Alencar; e essa experiência deu-lhe o sinal para perceber que o que ele queria não se assemelhava ao que via na proposição da Corte, o que ocorria não por conta da incompetência de Gonçalves de Magalhães, mas dos interesses que envolviam o projeto e dos valores que estavam em jogo.

Diríamos que foi a experiência dessa primeira polêmica pública que estabeleceu a conexão entre o escritor e o político. A partir daí, seus romances tornaram-se o modo de conhecer a realidade. Além disso, revelaram a sua competência sociológica e a constituição forte de sua formação, para dirimir as dúvidas levantadas em torno da sua má formação intelectual e de suas limitações provincianas.

Aprimorando constantemente os estudos, principalmente as leituras políticas do século XIX, Alencar chegou a ser, na visão de Wanderley Guilherme dos Santos, um inovador na teoria política, encaminhando a resolução do grande dilema do liberalismo: o do domínio da maioria sobre a minoria. A simples constatação dos autores indicados por Alencar já demonstra a abrangência do seu universo de leituras.

Alencar não foi simplesmente o fundador de uma literatura de cunho nacional, mas o intelectual que experimentou as várias formas de desenvolvimento de sua ação, utilizando todos os meios que se colocaram a sua disposição. Nesse sentido, diria o velho Gramsci, foi um intelectual orgânico. Sua atividade de autor teatral demonstrou a facilidade na percepção dos jogos políticos e no domínio da linguagem, pois suas peças fizeram com que os seus críticos distinguissem o teatro do romance, revelando que o escritor era realista quando imaginava uma ação teatral.

Entre a literatura e a política

Para Brito Broca,[58] a produção de Alencar não se desvincula da sua personalidade. Em várias situações, o crítico constrói a explicação das suas ações em função das situações vividas, como no caso de sua ojeriza às danças, talvez resultante de um acidente pouco dignificante. Cazuza freqüentava o salão de Nabuco de Araújo, no qual se enamorou de uma filha de Nogueira Gama. A desilusão de Cazuza se verificou quando ele pedia à enamorada uma valsa e esta lhe foi negada, preferindo a moça um nobre que ao fim e ao cabo casasse com ela. Para Brito Broca, ele teria usado essa situação no romance *Diva*, e principalmente em *Senhora*, que gira em torno de uma mulher que compra o marido.

Entretanto, essa personalidade quase depressiva é também recuperada quando o crítico quer chamar atenção para o fim da convivência familiar e o início dos salões, citando uma crônica de 1867 de França Junior no *Diário Mercantil* na qual revive os tempos felizes de outrora em que recebia em sua casa os amigos, "sem luxo, em reuniões que se caracterizavam pelo brasileirismo":

> José de Alencar, o mimoso cantor de *Iracema*, a pena que escreveu O *guarani*, brasileiro no coração, nos hábitos, em tudo aquilo; finalmente, o que tem sabido imprimir o traço luminoso de seu gênio, recebia aos domingos, em

> tempos felizes que não voltam. O brasileirismo de suas reuniões começava pelos dias de recepção.
>
> Era aos domingos que a família brasileira descansava outrora das fadigas da semana, e reunia na salinha modesta de sua casa o pequeno mundo (...)
>
> A família morreu; já não há salas, hoje, graças aos impostos sobre a vaidade; há salões onde o sr. barão de ... o sr. comendador de tal recebe um mundo de casacas pretas e de gravatas brancas.
>
> E José de Alencar fechou para sempre as portas daquela casinha pitoresca, onde tão deliciosos momentos nos fez passar![59]

Essa personalidade foi explorada por Brito Broca também a partir das declarações de Ferreira de Resende, seu contemporâneo em São Paulo, que destacou a seriedade no trato e nos estudos e o não envolvimento de Cazuza em prazeres mundanos; até mesmo nas reuniões acadêmicas era pouco visto.

A sombra do pai manteve-se como presença recorrente na vida e na produção de Alencar, servindo inclusive para uma das suas experimentações no campo da biografia. A forte presença política do pai marcou a infância de Cazuza, dando-lhe oportunidade não só de conhecer, através das sucessivas viagens e deslocamentos, a paisagem e a natureza brasileiras, como ter contato com o Rio de Janeiro, a capital do Império, e a Corte.

José Martiniano de Alencar participou de todos os movimentos revolucionários que se opuseram à presença portuguesa e que abriram caminho para a expressão brasileira do liberalismo. Depois de ter, em 1817, participado na Revolução Pernambucana, Alencar pai tornou-se deputado nas Cortes de Lisboa e na Constituinte de 1823/24, sendo depois deputado por Ceará e Minas Gerais e senador durante o período regencial; também foi governador do Ceará, pelo Partido Liberal, sendo uma das figuras fundamentais na modernização do Ceará. Amigo de Feijó, chegou a ser acusado, junto com ele, Vergueiro e José Bento, de chefiar a Associação dos Invisíveis na revolução popular de 1842.

Essa era a sombra que caminhava junto com Alencar filho. O autor, para se destacar, precisava ser no mínimo igual ao pai, um padre sem batina, um homem com uma missão. Alencar adquiriu a importância não de um revolucionário em ação, mas nas idéias, mesmo que seja lugar-comum dizer-se que Alencar era revolucionário na literatura e conservador na política.

A sombra do pai também atuou positivamente sobre ele; deu-lhe, desde criança, a consciência do Brasil e a preocupação de criar uma forma de expressão do que ele reconhecia como o seu país; afirmou-lhe, desde moço, a vontade de entender o que se passava.

Esse movimento fez com que ele se esmerasse nos estudos e, quase compulsivamente, lesse tudo o que corria à sua volta. Preocupado com as deficiências de sua formação, jogou-se furiosamente na leitura dos franceses, ingleses e alemães. Por isso, é uma leviandade dizer-se que Cazuza era mal preparado. Basta observar as citações, especialmente em seus textos políticos, como nos lembra Wanderley Guilherme dos Santos[60] ao destacar a originalidade de Alencar na formulação de sua teoria sobre a representação proporcional no sistema representativo.

O alvoroço em torno de Alencar fez Lima Barreto anotar o seu vocabulário; Machado de Assis tornou-o patrono da Academia Brasileira de Letras; Câmara Cascudo transformou-o em "...um dos informadores máximos do folclore" pela autenticidade dos informes; Mário de Andrade chamou-o "meu irmão José de Alencar"; e Manuel Bandeira fez-lhe poesia:

Ainda hoje gosto de Diva

— Nem posso negar

— Peri, tão pouco índio é fato

— Mas tão brasileiro... Viva

— Viva José de Alencar.

Para Afrânio Coutinho,[61] o romancista de *Iracema* foi um brasilista e durante a sua vida transformou-se no centro da crítica romântica, fazendo dela sua principal forma de conhecimento da realidade. Alceu Amoroso Lima destacou:

> O crítico, mostrando calmamente os temas a tratar, a obra de nacionalização a compor, o modo de escrever etc., o poeta romantizando as realidades e mais grosserias ou estimulando a imaginação idealizadora.[62]

José Veríssimo, Sílvio Romero e Araripe Junior, os três grandes da crítica da geração de 1870, mesmo destacando alguns pontos negativos, colocaram Alencar como um dos grandes e como fundador da literatura brasileira. Mas nem todos olharam Alencar desse modo. Brito Broca foi um dos que acentuaram a falsidade das imagens na descrição do que chamou o "sertão iluminado"; ou Nelson Werneck Sodré, para quem "não constitui mera coincidência o fato de ter sido Alencar a figura máxima do indianismo, o fundador do romance brasileiro, um escravocrata".[63]

São muitas as apreciações a respeito de Alencar. Interessa-nos perguntar, no entanto, o porquê de tantas páginas escritas sobre ele, e por que tantas sugestões de interpretação?

Mais uma vez, a sombra projetou-se sobre Cazuza. Além das leituras comuns ao século XIX, de Walter Scott e F. Cooper, aos franceses Cazuza se dedicou com afinco; esse afinco também estava presente em suas pesquisas históricas, dedicando-se integralmente à leitura dos cronistas e historiadores do Brasil e ao conhecimento das idéias políticas dos séculos XVIII e XIX.

Essa dedicação transformou-o não apenas no fundador da literatura brasileira, mas num definidor das idéias que constituíram a base de uma teoria dessa literatura; um teórico que, ao denunciar a falência da política na segunda metade do século XIX, criticava o conformismo e a decadência dos partidos, ao mesmo tempo em que procurava construir um outro projeto que não seria nem luzia, nem saquarema.

Cazuza, desde o primeiro momento, percebeu as falhas e optou pela literatura como o instrumento de realização de sua missão. Desse modo, é impossível levar a sério aqueles que analisam a sua vida como marcada pela diferença entre um Alencar romancista e um Alencar político.

A leitura atenta da sua obra nos mostra como o autor construiu conjuntamente as duas dimensões, desde sua iniciação na crítica no início de sua vida de jornalista. A literatura foi o espaço de pesquisa dos valores brasileiros; a condição do conhecimento do real por parte de Cazuza; a definição de uma estratégia de entendimento feita pela compreensão; a fundação de uma sociologia brasileira.

Sílvio Romero e João Ribeiro quando produziram a sua periodização da obra de Alencar, talvez tenham sido os únicos a ressaltar o equívoco da dicotomia entre literatura e política. Para eles, só há duas fases no romancista. A primeira, de 1852 a 1868, chamada de "antes do Ministério", e a outra, de 1868 a 1877, "após o Ministério". A percepção dos dois autores foi feliz especialmente porque destacou que, na época, "os referidos críticos preferem os produtos da primeira fase (1852-68), por mais plácidas, mais suaves, mais graciosas, aos do último período, que se lhes afiguram mórbidos, desequilibrados, filhos da irritação e das preocupações pessimistas".[64]

Os autores preferem a segunda fase por ser aquela que mostrava um Alencar polemista, radical, preocupado com a política e com o seu projeto de Brasil, e, por esse motivo, crítico.

Cazuza foi um escritor visual, sua narrativa é responsável, ou seja, não é um delírio ilusório e nem resultado de uma racionalidade iluminista. Narrativa responsável significa que ele conheceu o que quis e preocupou-se em comunicar essas idéias de forma clara. Suas expressões lingüísticas puderam ser reconhecidas pelos leitores, e estabeleceram uma analogia e uma correspondência que politizaram o seu texto, dando o sentido do nacional, da unidade e da tradição histórica.

Os romances de Cazuza são históricos e compreendem juntos um retrato do Brasil real. Por isso, não faz sentido a observação de Nelson Werneck Sodré de que ele produziu um Brasil que não ultrapassou o convencional. Foi exatamente o convencional que o interessou como percurso crítico do conhecimento.

Então, Alencar não foi o fundador da literatura brasileira porque escreveu romances com temas brasileiros; ele foi um intelectual forjador de uma nova linguagem e de novos temas que recortaram do universal a peculiaridade do Brasil; e portador de um projeto, no qual os romances foram um dos instrumentos de sua realização.

O literato diferenciou-se na sua forma de narrar pela introdução de um parâmetro estético que não configurou apenas a forma, mas associou-a diretamente à compreensão do assunto, definindo suas construções através da visualidade e do predomínio das comparações sobre as metáforas, induzindo o leitor-receptor à procura do sentido no desenho de sua narrativa.

Esse modo de fazer vai além da simples influência de Dumas, Alexandre Herculano, Saint Pierre, Chateaubriand, F. Cooper, Walter Scott, Sand, Perrault, Victor Hugo e principalmente Balzac. A busca na literatura da consolidação do conhecer fez com que não fosse apenas o herói o resultado, mas a trama, as emoções, os modos de resolver as suas relações com a paisagem e a natureza.

Neste sentido, suas idealizações foram fortalecidas por elementos que as relacionaram e instauraram trocas. Não eram ilusões ou idealizações, eram tipos-ideais a partir do quais era possível entender a racionalidade da natureza.

Distinguiu-se, dessa maneira, de seus contemporâneos porque demonstrou a perspectiva de que compreendeu sua missão como a de um intelectual. Sua consciência artística foi construída pelo domínio do seu instrumento de trabalho. Assim, a opção metodológica de Alencar foi pela seriedade e pelo profissionalismo como forma de contribuir socialmente. Isto, entretanto, não quer dizer que o seu texto seja amargo e indecifrável; ao contrário, a estética romântica é o caminho da comunicabilidade da sua ironia e de sua comicidade, principalmente no teatro.

As duas atividades, que foram desempenhadas em conjunto — a jornalística e a de advogado —, compreenderam os processos iniciais de tomada de contato com as questões políticas e sociais mais complexas que ajudaram na construção dos tipos de seus romances como relatos da evolução histórica e social do Brasil.

O interesse de Alencar foi tão grande pelas duas atividades que, logo depois, tornou-se também um jornalista-crítico das coisas públicas através de suas contribuições de cronista e folhetinista no *Diário Mercantil*.

A constante vontade de experimentar levou-o a investir no estudo de Simão de Vasconcelos, Rocha Pita, Monsenhor Pizarro, Brito Freire, Baltazar da Silva Lisboa e de cronistas como Fernão Cardim.

Essas leituras de cronistas e historiadores foram os estímulos iniciais para a reflexão crítica sobre a realidade brasileira. Através deles, Cazuza se ocupou dos índios sem, entretanto, jamais pensá-los como nosso único antepassado histórico.

Essa aproximação introduziu, ao mesmo tempo, a paisagem e a natureza, dando aos seus textos a expressão de um naturalismo romântico, pela graça e luminosidade. O resultado foi a sua primeira percepção crítica mais estrutural, que o levou a entender que a construção da nação brasileira com uma história própria só se faria com a ruptura dos cânones portugueses.

Com elegância e talento, Alencar forjou um "nacionalismo" que decorreu da compreensão do que éramos. Para desenvolver essa perspectiva, ele não só exagerou nas tintas, como se utilizou de autores como Rousseau, no sentido de perceber como os portugueses corromperam a nossa natureza. Esse percurso elimina o comentário de que a formação intelectual de Alencar era deficiente e defeituosa; ele foi um autodidata que aprendeu associando a leitura com o olhar sobre o mundo.

Cazuza foi possuidor de uma grande imaginação, no parecer de Lúcia Miguel-Pereira,[65] tornando a realidade do meio a matéria-prima dos seus romances. Ele estava atrás do homem brasileiro, nas suas origens selvagens, e é por isso que os seus heróis parecem desumanizados. O importante é que Alencar morreu, em 1877, sem ver suas teorias e concepções combatidas; ao contrário, com Machado de Assis e Macedo, ele é restituído ao seu lugar. Alencar assumiu, no romantismo, a atitude mais próxima do real.

Entretanto, essa interpretação não é consensual e nem mesmo comum. O mais simples é considerar Alencar um romancista exagerado, que idealizou um índio que não tinha nada de índio, um sertão iluminado, e exagerou no luxo do senhor de engenho, como comentou Brito Broca.

Mas Cazuza propiciou uma mudança na literatura que, além de politizá-la, deu-lhe um novo conteúdo. De saída, ofereceu uma possibilidade de diferenciação lingüística; em seguida, forneceu elementos que exaltaram a paisagem física, concedendo-lhe uma dimensão pitoresca.

Assim, foi um dos primeiros a transpor para a ficção os dados comuns da realidade, fundando uma narrativa histórica capaz de construir um mito e uma tradição.

O *guarani*, ao lado de *Timbiras*, de Gonçalves Dias, fez com que o ano de 1860 ficasse conhecido como o do marco dos novos rumos da literatura brasileira. O *guarani* expressou a sua ruptura com as determinações externas na medida em que valorizou o índio e a natureza não através de modelos clássicos, mas com cores nacionais.

A recepção da sua obra popularizou a literatura e abriu caminho para que a nossa produção literária pudesse ser reconhecida interna e externamente. Por último, criou a ligação entre imprensa e literatura, que foi fundamental na constituição da produção da geração de 1870 e no amadurecimento de um pensamento brasileiro.

A mítica histórica, associada ao conhecimento da natureza, fez com que Alencar pudesse esboçar uma teoria sobre a natureza, revelando-a como opulenta, pitoresca, colorida, sendo esta a condição de compreensão do indianismo.

Fundador da reflexão sobre o nacional, Alencar produziu um quadro da variedade brasileira, mostrando a complexidade de suas formas e a simplicidade de suas relações:

> Quão melhor alumiado não andou Alencar escolhendo os seus sem preferências de regiões, para compor, segundo o belíssimo dizer de Machado de Assis, com as diferenças da vida, das zonas e dos tempos a unidade nacional de sua obra.[66]

A experiência folhetinesca teve um papel fundamental nesse processo de compreensão do Brasil pelas dificuldades de captar o instantâneo, o momento:

> *Chegar um homem a percorrer todos os acontecimentos, a passar do gracejo ao assunto sério, do riso e do prazer às misérias e às chagas da sociedade; e isto com a mesma graça e a mesma* nonchalance *com que uma senhora volta às páginas douradas do seu álbum, com toda a finura e a delicadeza com que uma mocinha doureira dá sota e basto a três dúzias de adoradas! Fazerem do escritor uma espécie de colibri a esvoaçar em ziguezagues e a sugar, como o mel das flores, a graça, o sol e o espírito que deve necessariamente descobrir o fato o mais comezinho.*[67]

Para Antonio Candido e José Aderaldo Castello:

> Alencar é o primeiro ficcionista de vôo largo na literatura brasileira e a sua obra representa, na prosa, a realização da tendência nacional que vinha sendo reclamada pela opinião pública e pelo sentimento de autonomia.[68]

Ambos também colocam em destaque a seriedade de estudos e sua grandeza de pensamento:

> Há em Alencar uma capacidade marcada para aprender e transfigurar a impressão dos sentidos, seja ela motivada pelo colorido da natureza, pela elegância de uma jovem ou pelas alfaias de um salão.[69]

Existe em Cazuza um capítulo particular que merece atenção: o seu amor pela Tijuca. Na época de Alencar, a Tijuca era uma espécie de balneário nas montanhas; lugar silencioso e tranqüilo onde existia a possibilidade do isolamento e do pensamento; lugar de se refazerem as experiências, de recalibrar a sensibilidade.

Porém para ele a Tijuca significou mais coisas; foi o lugar da experiência matrimonial que o aproximou mais da cultura inglesa. Sua esposa, Georgina, era filha do doutor Thomaz Cochrane, médico afamado que possuía uma propriedade na Tijuca e com o qual Alencar havia tomado contato por força de sua saúde, em 1864, quando se hospedou no Hotel Bennet. E para ele só poderia ser um casamento tranqüilo como a Tijuca.

A experiência tijucana também ocupou um papel importante na sua produção narrativa e completou, de maneira especial, a sua sociologia, alargando o alcance do seu pensamento; os passeios pela mata e os contatos com a natureza aguçaram a sua sensibilidade, dando-lhe novas forças a cada desilusão sofrida: "Pode-se dizer que não ficou recanto de nosso viver histórico-social em que ela não tivesse lançado um raio de seu espírito".[70]

Há, entretanto, aspectos da vida de Alencar que permitem entendê-lo melhor. O primeiro é a sua atividade de autor teatral. Para muitos comentaristas foi no teatro que se observou o realismo do dramaturgo. Sua atividade teatral produziu encontros múltiplos e se desdobrou em outras tantas ações, como planos de criação de uma escola de arte dramática, que quase se tornou realidade, ligando-o a João Caetano, um dos principais intérpretes de suas peças.

Outro aspecto interessante é a revelação de Alencar de que começou a escrever romances por inveja de *A moreninha* de Macedo e que, em *Cinco minutos*, construiu um folhetim macediano; outro elemento relevante para a sua inclinação literária foram as leituras em família, nas quais, por ser o que melhor lia, era o ledor principal.

O sucesso que o livro *O guarani* obteve no Brasil, e posteriormente no exterior, transformou-o no grande emblema das qualidades de Alencar, e foi em torno do romance que se construiu a maioria das referências positivas ou negativas do literato. Para Wilson Martins:

> O *guarani* é um romance histórico que busca enraizar num medievalismo ideal os fundamentos da nacionalidade. (...)
>
> O *guarani* tem sido obstinadamente lido como se fosse um romance realista que tivesse o defeito de idealizar o índio; na verdade, é um romance histórico, isto é, idealista e místico, que procura dar significação nacional a personagens e processos que só idealmente a poderiam ter. Por isso mesmo, é erro evidente dizer que Alencar idealizou o selvagem: ele o apresenta. Juntamente com a paisagem, os personagens europeus e as peripécias da ação, numa escala gigantesca, que, por sê-lo, nos parece irrealista, o que efetivamente é.[71]

O comentário de Clóvis Beviláqua, jurista com enorme capacidade de olhar o Brasil, revela a importância da produção alencardiana:

> De todos os seus trabalhos extrai esta idéia — a constituição e o revigoramento de uma literatura brasileira. Para consegui-lo era preciso embebê-la no sentimento da pátria e fazê-la refletir os avanços do século. (...) sua obra capital não foi livrar-nos de juízo literário português simplesmente para procurar outro, mas tirar, da individualidade do país, as forças para constituição de uma literatura própria, original, bebida no gênio especial do povo.[72]

Machado de Assis, referindo-se a O *guarani*, destacou-o como um livro essencialmente nacional. Assim, essa obra modificou o romance nacional. Mas, nesse momento, era no teatro, por sua dimensão realista, que os temas que mais preocuparam Alencar apareciam, especialmente sua crítica à escravidão com a peça O *demônio familiar*.

O teatro foi o espaço da experimentação mais radical da construção de personagens; o laboratório onde entraram e saíram seus *alter egos*, as personagens da história e onde o dramaturgo colocou lado a lado a tradição rural e os novos experimentos urbanos e empresariais. O teatro foi o espaço da descoberta de novas linguagens, de novos modos de exprimir os sentimentos, de fazer acontecer o sentido do novo.

Esse vanguardismo teatral produziu certos constrangimentos que não o afetaram substancialmente por ele ter clareza de que o teatro era o gênero que expunha mais os autores. Numa sociedade em que a leitura ainda não era determinante no processo de inserção do homem no social, a visualidade teatral era o meio pelo qual os homens ganhavam o novo, se atualizavam e se divertiam, ou seja, o teatro era o lugar do recolhimento de experiências para o uso cotidiano.

Os conflitos com a censura e a polícia indicam a radicalidade do seu experimento realista e a exposição de temas e questões que não faziam parte do universo cultural do Brasil do século XIX, mostrando como ele se utilizou de todos os meios para promover a autoconsciência da sociedade.

Há inclusive, em suas experiências teatrais, um apelo para determinadas renovações de técnicas de apresentação e de idéias no campo da atuação de atores. Sem se ter, na época, uma escola de arte dramática ficava difícil aperfeiçoar o meio, no sentido de transformá-lo num agente do progresso. No campo das técnicas, a construção de determinadas formas de escrever os diálogos, de criar situações em que não se incluíssem o romantismo piegas e o lugar-comum eram o seu objetivo.

Daí suas críticas tanto a Martins Pena quanto a Macedo, pois, para ele, os dois faziam bem sátiras mas não as dramatizavam, só contavam os casos sem interferir neles e sem dar-lhes um sentido moral. A criação de situações de riso não devia deixar de mostrar o ridículo das situações. Seu romantismo adquiria uma dimensão realista e de denúncia social.

No campo das novas idéias, a apresentação de temas que tanto renovassem as relações pessoais e familiares, quanto a política, com a introdução de questões ligadas ao social, foi o intuito perseguido. Para isso, era fundamental saber passar os conteúdos, de forma que se fazia necessário criar uma escola nacional de dramaturgia.

O teatro de Alencar transformou-se, assim, numa vitrine de tensões e no registro do cotidiano, principalmente urbano, do Brasil. O destaque do dramaturgo no teatro fez, em 1862, o conselheiro Sousa Ramos — ministro do Império — criar uma comissão, da qual fizeram parte Alencar e Macedo, para reformar o teatro nacional.

A experiência teatral foi também transferida para os romances e para os textos políticos, acentuando um modo novo de expressar idéias, principalmente pelo aperfeiçoamento de um modo estético novo que tomava o passado como inspiração para reformar o presente e construir o futuro, como, por exemplo, o paralelismo e a simetria entre o bom selvagem e o mito da boa prostituta, criado pelo romantismo brasileiro e presente em *Lucíola*.

Essas transferências de experiências modificaram as tramas e as personagens, tornando-as mais ricas, e inauguraram uma espécie de romance psicológico, como foi o exemplo de *Diva* e um refinamento do indianismo, como se observa em *Iracema*, que, na imagem de Machado de Assis: "...é o livro do sr. José de Alencar fruto do estudo e da meditação, escrito com sentimento e consciência".[73]

Se as experimentações de Alencar conduziram a um alargamento de sua compreensão dos temas brasileiros, por outro lado, criaram no escritor uma expectativa positiva que poderia levar à maturidade do Brasil. Com essa idéia na cabeça, colocou-se à frente ou na vanguarda da condução de um projeto civilizacional, onde o aspecto maior era a inclusão das singularidades brasileiras, sem a exclusão da história e da cultura ocidentais.

O delineamento desse horizonte animou Alencar a transferir mais radicalmente esses valores para a sua narrativa romanesca. O resultado foi o susto daqueles que o haviam acompanhado. De repente, os seus textos ficaram mais críticos e mais fortes, o que levou, por exemplo, José Veríssimo a destacar o caráter raivoso de Alencar e associá-lo às suas desilusões políticas.

Se relacionarmos as informações que coligimos acima, veremos que a desilusão de Alencar não resultou simplesmente do confronto com o imperador ou de sua exclusão do Senado, mesmo sendo o mais votado da lista sêxtupla. A desilusão foi mais grave porque impediu a realização da missão do intelectual Alencar, da produção de seu projeto de associar modernização urbana e econômica com a construção de uma base cultural própria, brasileira, capaz de definir os entornos da nova nação, liberta dos modelos clássicos e da subordinação aos ditames portugueses.

Cazuza não chorava por não ter sido senador, mas porque, não o sendo, perdia o lugar do qual poderia levar adiante seu projeto.

As críticas feitas ao literato vincularam-no ao contexto geral do século XIX brasileiro. Desse modo, aprisionaram-no ao escravismo e à sociedade rural. Esse reducionismo infantil tornou cega a crítica, que despojou o artista de sua idealização política, gerando uma visão do seu romantismo que, não só era alienante, como não teria nenhuma conseqüência; era uma forma de conciliação, de compromisso, de eliminação de tensões e de diferenças, exatamente as coisas identificadas por Alencar como causadoras dos problemas que afetavam o Brasil.

A crítica destituiu Alencar daquilo que o diferenciava dos outros; do que o fazia um escritor de livros que não apenas ocupavam as elites masculina e feminina do Império. Por esse motivo, se digladiam nas propostas de periodização de Alencar, sempre excluindo a sua afirmação positiva na política; quando muito, examinam a sua passagem pelo Parlamento e sua inserção no gabinete, como resultantes de sua hora no Partido Conservador ou em homenagem ao que sempre identificaram como o grande político da família, o senador Alencar. Ou, então, demonstram que o que o levou à política foram seus conflitos pessoais com o imperador, que teriam começado com a sua exclusão da leitura, no Palácio da Quinta, do poema "A confederação dos tamoios", de Gonçalves de Magalhães. Vão mais longe, e dizem que o imperador, gostando da ferocidade de Cazuza e sabedor da sua raiva, teria alimentado a sua fúria, inclusive deixando-o ser ministro.

Alencar tinha problemas com a escravidão, mas achava que era já consenso a sua extinção, especialmente depois da lei de 1871, que acabaria fazendo com que o desgaste natural a curto prazo levasse à perda de força do trabalho escravo. Aliás, era essa a posição dos republicanos mais revolucionários e reformistas como Joaquim Nabuco. Essa defesa, entretanto, não o afastou da crítica à lei de 1871; ele a chamou de inconseqüente porque colocava pais contra filhos, desenvolvendo a exclusão.

Nos sete últimos anos de sua vida, Cazuza concluiu a tarefa de deixar a base de duas teorias, como se elas fossem a síntese de sua atuação de vida: a teoria brasileira da literatura, reforçada pelo sentido político da narrativa literária como imagem das vontades da sociedade, e a teoria política sobre o sistema representativo, no qual Alencar se transformou, segundo os críticos, em jurisconsulto, e a partir da qual Wanderley Guilherme dos Santos constata a novidade de Alencar:

> A literatura sempre foi a mais eloqüente fisiologia de um povo; e há de sê-lo também no Brasil, apesar das duas literaturas emprestadas — uma do Paço outra do Reino — que andam a disputar entre si o monopólio da nacionalidade.[74]

Antonio Candido resume bem a contribuição do literato quanto à vontade de transformar, na medida em que destaca a imagem que ele e outros faziam de seu trabalho; eles tinham consciência de que eram portadores de uma fórmula ideal de fundação como expressão autenticamente nacional, transformando o indianismo na forma de buscar o específico do Brasil:

> O indianismo serviu não apenas como passado mítico e lendário (à maneira da tradição folclórica dos germanos, celtas e escandinavos), mas como passado histórico, à maneira da Idade Média. Lenda e história fundiam-se na poesia de Gonçalves Dias e mais ainda no romance de Alencar, pelo esforço de suscitar um mundo poético digno do europeu.[75]

Alencar fundou a sociologia brasileira pela literatura; foi o precursor do realismo dos românticos, "muito mais audaz do que se pensa".[76] Essa invenção da sociologia é observada por Antonio Candido:

> ...é a exploração e o levantamento que dá a ficção romântica importância capital como tomada de consciência da realidade brasileira no plano da arte: verdadeira consecução do ideal de nacionalismo literário, proclamado pela *Niterói*.[77]

No jornal A *República*, há a página derradeira sobre Alencar, que resume sua atuação de intelectual que pensou a realidade brasileira:

> Por seu talento e por suas produções, pelos golpes rudes que lhe há desferido a crítica, ou melhor, a malevolência transformada em crítica, e pela galhardia com que há respondido aos malévolos, aparando cada novo bote com um livro novo, José de Alencar constituiu-se o chefe da falange de homens de letras que de presente trabalham no Brasil para legarem à geração futura uma literatura nacional.
>
> Bem afastados de quantos supõem-nos mero prolongamento da antiga metrópole portuguesa, esses líderes de pensamento sentem em si a alma da América, matriz de nações novas, enérgicas, vivazes, com feição própria, com o cunho de sua natureza e da sua sociedade, bem diversas da natureza e da sociedade de além-mar, que embalde pedem ao engenho de seus filhos o milagre de uma ressurreição, vivendo de passadas glórias e esplendor.[78]

Luzia, saquarema ou... Iracema?

Considerar a trajetória política de Alencar não significa dicotomizar a sua obra, uma vez que nossa proposição é de que ele se utilizou da literatura, do teatro e da política como instrumento para pensar um projeto para o Brasil. Partindo dessa idéia, tentaremos fazer uma genealogia das suas idéias e propostas políticas.

Essa genealogia tomou forma com o auxílio de duas leituras: o livro O *tempo Saquarema*, de Ilmar R. de Mattos,[79] e a introdução de Wanderley Guilherme dos Santos aos escritos políticos de Alencar. O *tempo saquarema* ajudou-nos a consolidar a hipótese de que as avaliações políticas sobre o Império eram frágeis quando discutiam a estrutura político-institucional, especialmente os partidos, e nos subsidiou na crítica a falta de atenção para os projetos de nação que foram propostos no Império no que concerne à construção da nação e do estado nacional.

A leitura de O *tempo saquarema* foi complementada pela do livro A *ilustração brasileira e a idéia de universidade*, de Roque Spencer Maciel de Barros,[80] que ampliou a história das idéias no século XIX, ajudando-nos a ver, com maior clareza, a estrutura das idéias liberais e conservadoras.

A introdução de Wanderley Guilherme dos Santos alargou nossa compreensão do vanguardismo de Alencar na política, e suas relações entre política e literatura.

Já sabemos que há sobre Cazuza uma sombra, que é sempre anunciada como "tradição de família", mas age em outras dimensões da vida do escritor, como, por exemplo, na formação de sua personalidade mais retraída, que associava sensibilidade e imaginação, e que, por isso, permitia-lhe uma observação mais abrangente da realidade.

Essa sombra ainda determinou a formação, em Cazuza, das primeiras vontades de conhecer o passado do Brasil para entender melhor a história de vida de seu pai, o senador Alencar.

Assim, a sombra agiu de dupla forma: pressionando Alencar a construir um modo de explicar a sua relação com o mundo e compreender a especificidade da vida brasileira, colocando-o em contato com a paisagem do país no constante viajar da família.

Sua entrada na vida política se realizou através da sua eleição de deputado, que coincide com o início de sua atividade de autor teatral. A teatralização da vida pode ser um dos bons resultados da parceria entre política e teatro. A expectativa em torno da atuação parlamentar de Alencar introduz alguns problemas.

Esperava-se de Alencar uma atuação retórica forte e capaz de atrair para ele a condição de grande orador, que era, no fundo, a qualidade essencial do político do Império. Falar bem era um passo para se tornar evidente no Parlamento.

Essa expectativa, não atendida de imediato, se fará concreta mais tarde. O caso de sua eleição para o Senado como o mais votado e sua exclusão da senatória é um caso à parte e tem repercussões políticas sérias, especialmente quanto à sua demissão do cargo de ministro da Justiça. Foram muitos os elementos que contribuíram para essa pressão sobre Alencar, que era funcionário de carreira do Ministério da Justiça.

Desde sua entrada no ministério houve uma oposição ao seu nome e às suas ações, marcada pela limitação que o ministro estabeleceu no seu ministério, de não-intervenção de outros ministros, acostumados a ter a liberdade de interferir em negócios de outros ministérios por conta do peso de seus nomes, especialmente o barão de Cotegipe e mais tarde o visconde do Rio Branco, futuro barão.

Alencar, cioso de suas qualidades, expunha com muita clareza as suas posições, acentuando a sua dignidade de brasileiro e a compreensão exata do sentido da dimensão pública.

Essa forma de atuar atraiu contra ele as principais figuras do Império. Zacarias de Góes, Silveira Neto, Saraiva e outros desmereciam a sua atuação, ridicularizando as suas preocupações com a nação em construção e sugerindo situações cômicas nas quais envolviam sempre Alencar, principalmente nas audiências com o imperador, onde as suas questões eram sempre colocadas para depois. Essas tensões extrapolaram para a imprensa e os ataques cada vez se tornaram mais veementes:

> Quem é esse fanadinho, Pequenino,
>
> De cara patibular?
>
> Não conheces? Nunca o viste?
>
> Na verdade é coisa triste
>
> Não conhecer o Alencar.[81]

Nesses momentos de pressão, tornava-lhe sempre à cabeça a opção de só voltar a escrever e se refugiar na Tijuca, ao lado de uma grande mágoa que foi, com o tempo, se transformando em vingança. Essas situações foram, de forma clara, as que aumentaram a sua veia crítica e transformaram o seu modo de escrever, constituindo o que Sílvio Romero chamou de segunda fase, depois do ministério.

Nessa fase, algumas idéias que sempre o acompanharam se mostraram mais claras e produtivas. Em primeiro lugar, ele possuía agora clareza da superioridade do novo sobre o velho; a América é maior que o Velho Mundo, percepção retirada da leitura da literatura francesa, principalmente do teatro de Voltaire, da ressonância do Eldorado e da inclusão do Paraíso Terrestre.

Tudo isso realçava, na última fase, a sua visão da pátria, do orgulho nacionalista que cada vez mais lhe dava a certeza de que a América era a terra prometida, seja pelas vantagens climáticas, seja pela capacidade que temos de tomar os melhores aspectos de outras sociedades. Dessa forma, Alencar imaginava que a América possuía o destino de regeneração da humanidade, mesmo com as desilusões da política ministerial.

Essa sua interpretação já amadurecia na sua produção literária e, como dissemos, era o caminho que lhe dava o conhecimento do que era próprio, como qualidade singular do Brasil. O índio e o mestiço eram particularidades da América, assim como a superioridade do campo sobre as cidades ou da natureza sobre a cultura que se originou na cabeça do intelectual.

E a lembrança das leituras de Rousseau aparecia na idéia de que a nossa natureza havia sido corrompida pela presença de uma cultura não originada por essas condições; o trabalho era buscar uma forma cultural que envolvesse a condição de afirmação dessa natureza. A percepção dessa condição negativa só se alteraria pela consciência que os homens americanos teriam do que eram. Esse movimento em direção à sensibilidade desse homem, esse mergulho na alma brasileira seria o berço de nossa nacionalidade e nos diferenciaria da Europa.

O próprio Alencar observava como os cronistas e viajantes davam aos índios características européias, crítica que mais tarde seria feita a ele próprio. E traduzia isso pela linguagem associada aos indígenas que não tinham nada de suas tradições. A sua idéia de índio derivava da observação e das leituras, mas foi aprimorada pela leitura de Montaigne. O índio de Alencar, sem deixar de ser americano, é um filósofo, um político, características acentuadas pela valentia diante dos inimigos e pelo sentido de comunidade, representado pela amizade protetora por suas mulheres.

Essa busca do específico do Brasil, feita através de Alencar, construiu o passado, pois, para o escritor, nenhum povo pode viver sem antepassados. Na avaliação da sua produção, como sempre se pensou a dicotomia entre política e literatura, o consenso é de que, na visão de Alencar, o português era o inimigo da fundação da nacionalidade, mas a questão girou em torno da escolha feita pelo índio e não pelo negro.

A resposta mais simplificadora é a de que, convivendo com uma sociedade escravista, o preconceito de cor o teria levado a escolher o índio. Há ainda aquela explicação que identifica a escolha com a ilusão nacionalista do romantismo. Se o índio deve representar o ícone da liberdade, não seria possível tocar a sociedade se se optasse por um homem que viveu na condição de escravo; além disso, tecnicamente, o índio era mais natureza aos olhos da sociedade imperial.

Os índios já haviam sido tratados como tema desde os Andrada, com o Tamoio. Os índios de Alencar são homens que não devem ficar nada a dever aos portugueses, mas não podem se transformar em europeus. Nessa construção de um tipo brasileiro, a leitura de Fernão Cardim foi essencial, especialmente pelo elogio da língua dos índios. A fala do português dos índios indica a compreensão de Alencar da sintaxe indígena e do fenômeno cultural da língua, e é a solução para que, mesmo falando português, sua fala seja brasileira.

Esse procedimento amplia a complexidade da sua personalidade e do seu projeto, na medida em que combina no escritor o "poeta das idealizações extremas" e o "homem prático e positivo". Para ele, o conhecimento da língua indígena era o melhor critério para a nacionalidade da literatura, como acentua na carta que antecede o romance *Iracema*, em sua primeira edição, comentada por José Veríssimo:

> *Num país novo como o Brasil, onde nenhuma tradição existia, e todos os instintos políticos eram de ontem e de empréstimos, nada de importante havia a conservar. As diferentes alcunhas dos partidos apenas cobriam e disfarçavam sentimentos, interesses ou até paixões pessoais ou de grupos, sem alguma correspondência com necessários e definidos.*[82]

Essa afirmação de José Veríssimo mostra como as idéias de Alencar não estavam desprovidas de política. Ele percebeu cedo que a não-identidade decorria, como sugeriu, da própria história da luta contra os portugueses. Todos aqueles que se colocaram contra o domínio português eram chamados de liberais. Aliás, o escritor tinha restrições ao que, à época, definia-se como disciplina partidária. Esse incômodo desenvolveu sua perspectiva crítica e deu sentido às "Cartas de Erasmo", que acentuavam a vontade de discutir a questão da crise de identidade e da corrupção da nova nação.

Sem intenção, Brito Broca, defensor da dicotomia entre literatura e política em Alencar, apresentou a condição de entender como o escritor, desde o início, tinha um projeto de fundação da cultura nacional:

> ...as aspirações literárias de um Alencar seriam bem grandes, mas no momento em que ele se estava iniciando na advocacia, visava a uma cadeira no Parlamento e quiçá ao poder; por isso o anominato.[83]

A preocupação de Brito Broca foi de explicar por que Alencar usava pseudônimos no início de sua carreira, mas, levada para a sua trajetória intelectual, revela um escritor que construiu pedra depois de pedra sua evolução na política. Essa inserção política está configurada neste trecho da crônica do *Correio Mercantil*, de 4 de março de 1854:

> Uma coisa, por exemplo, de que ainda não vimos o governo se ocupar seriamente é da carestia progressiva dos gêneros alimentícios, tanto nacionais como estrangeiros.
>
> O pão diminui — e diminui no século de progresso em que se vai em aumento, em que as mesmas coisas tomam proporções gigantescas.
>
> Os ministros, os grandes, os ricos não sabem disto, mas o pobre o sente — o pobre que no meio de toda essa agitação monetária, de todos esses jogos de capitais avultados, vê as grandes fortunas crescerem, e elevando os gêneros de primeira necessidade a uma troca fabulosa.[84]

Entretanto, comentadores e críticos não só separam a política da literatura como a primeira da segunda fase, mesmo aqueles que percebem a existência no escritor de um projeto, como Antonio Calado e José Castello, que acentuam o papel da derrota para o Senado como um agravante da sua misantropia e irritabilidade.

Sílvio Romero e João Ribeiro também diferenciaram as duas fases, mas a opção pela segunda, para eles mais fecunda, advém da sintonia dos projetos de ambos, o que exemplifica o contexto político da época:

> A filáucia dos políticos de ofício e a grosseria dos intitulados chefes do regime imperial criaram-lhe grandes embaraços, fizeram-lhe baixas picardias.
>
> A guerra foi cruel; além das lides parlamentares e políticas, foram assanhados mastins para o atacarem no domínio das letras. Teve isso a vantagem de despertar um Alencar desconhecido, vibrante de paixão, cheio de cóleras, desperto de ironias.
>
> Suas obras ganharam mais vida, mais calor, mais intensidade passional e tornaram-se mais reais, mais humanas.
>
> E por isso seus livros do malsinado segundo período sobrelevam, a nosso ver, aos do primeiro.
>
> Basta dizer, por último, que foi o primeiro que deu à prosa no Brasil o lavor artístico do estilo aprimorado de nossos paisagistas e o que mais vigor tem revelado na habilidade de descrever e narrar.[85]

Também ambos, sem intenção, deram-nos uma idéia do amadurecimento intelectual de Alencar. Suas interpretações cruzam a literatura e a política, mesmo querendo fazer dele um polemista como eles.

Há um dado que, por equívoco dos autores, sugere a relação entre os vários tipos de vida do escritor que são as polêmicas, que, ao serem englobadas como constituintes do novo Alencar por Romero e Ribeiro, nos propiciam a eliminação das periodizações, já que a primeira polêmica, aquela na qual Alencar enfrentou Gonçalves de Magalhães e o imperador, ocorreu bem antes da chamada segunda fase do escritor.

Sílvio Romero e João Ribeiro, em outra ocasião, chamaram-nos atenção para o esmero e cuidado que o romancista de *As minas de prata* tinha com as anotações do que lia e via. Esse cuidado revelou-se importante tanto para os seus romances, que por ele ganham desde o início um sentido de realidade, como para os demais escritos, principalmente suas pequenas biografias de políticos do Império, como foi a do marquês do Paraná.

Nesse aspecto, sua convivência com Macedo foi essencial. O gosto pela história, se já o tinha do berço, foi-se aprimorando nos romances e no teatro e ganhou um lugar especial pela admiração por Macedo. A admiração não se esgotava na inveja de não ter feito *A moreninha*, mas na erudição do companheiro e em sua atuação como professor de história no Colégio Pedro II; era essa atividade que o fascinava, já que desenvolvia a narrativa sobre o nacional, sobre a história do Brasil.

Lembremo-nos, no entanto, de que os rancores literários de d. Pedro II não se fizeram presentes apenas em 1871. Em 1869, já haviam dado o ar de sua graça como veremos adiante. E isso com uma enorme piada do destino, pois seu pai foi um dos mais importantes articuladores da maioridade de d. Pedro, sendo secretário do Clube da Maioria e cedendo a sua casa para as reuniões.

Outro ponto sempre tomado como estranho é a posição de Alencar diante da escravidão do negro. O estranhamento ocorre por duas vias. A primeira limita-se a vincular mecanicamente as suas viagens ao procedimento escravista e se ocupa de um determinismo odioso. A segunda refere-se à ausência da questão em seus romances.

Novamente, foram Sílvio Romero e João Ribeiro que, com maior agudeza, destacaram que o debate em torno da libertação da escravidão só se tornou público em 1864, o que, segundo os dois autores, fez com que os romances anteriores não tocassem no assunto.

Quando ministro da Justiça, Alencar se irritou com a venda de escravos ao ar livre e proibiu a exposição pública para venda dos negros africanos, referindo-se à mancha que isso provocava na nossa civilidade.

Entretanto, a razão real foi aquela já apresentada: ele fez de seus romances elementos constituintes de seu projeto civilizacional através de um procedimento de tipos ideais. Não havia lugar em seus romances para tensões que interditassem a descoberta do novo brasileiro.

No entanto, nos textos de crítica e em suas observações políticas o tema da escravidão vem à tona. No teatro adquiriu a expressão solicitada pelos críticos ao lado das críticas ao imperador e aos partidos.

As "Cartas de Erasmo" foram a síntese das suas opiniões e reveladoras de sua missão. Nelas, assume a condição radical de crítico e se dirige diretamente ao imperador, produzindo um dos primeiros diagnósticos de nossa condição política. Percebe-se, ao lê-las, que ele aplicou a elas todas as suas qualificações de escritor e de pensador; é o sentimento de amor à pátria que transparece como ideal coletivo, vindo daí o afinco de Alencar em estudar pormenorizadamente autores e textos que contivessem informações e interpretações capazes de tornar compreensível o seu projeto.

Nesse sentido, o uso da crítica transformou-se no núcleo central da produção de idéias e de proposições. Através dela, Alencar passava o seu projeto, abria caminho para que suas idéias fossem reconhecidas. O uso da crítica, no escritor, nunca foi leviano, sempre foi uma opinião estudada que tinha uma possibilidade de ser modificada. Seu aprendizado da crítica deu-se pelo folhetim, uma vez que esse gênero requer uma atenção especial do autor para aquilo que ocorre e é passível de se transformar em história, requer a sensibilidade de entender o jogo de forças que agem sobre o acontecer diário.

O passo inicial dessa crítica deu-lhe o sentido da brasilidade, pois apresentou-lhe a dimensão do "colonial", o que repercute na sua crítica de maneira direta, transformando o tema em elemento estrutural para os romances e para os estudos políticos. Junto com Macedo e Machado de Assis, produziu o que chamavam ironicamente de literatura pantagruélica, que recebeu o nome, como subtítulo, de "Os avestruzes no ovo e no espaço".

Em 1869, Alencar, graças à ajuda de Francisco Otaviano, publicou, no Maranhão, os seus *Discursos políticos*, onde essas experiências da crítica e da atividade parlamentar deram corpo ao sentimento da pátria como criação comum e coletiva. A publicação dos *Discursos* rendeu-lhe uma certa inveja e rancor de parte daqueles que haviam lançado sobre ele a pecha de um ingênuo na política, de um homem incapaz de perceber os interesses em jogo.

Os *Discursos políticos* registram a erudição política e a pretensão do escritor de traçar um novo rumo para o país. Longe de ser presunçoso, Alencar sabia do que estava falando quando denunciava as tramóias que envolviam a sociedade imperial.

O que resultou da publicação? Alencar cada vez mais colocou-se fora do juízo de "luzias e saquaremas"; reconhecendo a sua competência, achou que ela lhe garantiria uma independência partidária e que seria possível afirmar os seus ideais por fora dos limites dos partidos.

Essa ação do escritor antecipou problemas no mundo da política. Os donos do poder, sem deixarem de reconhecer a sua competência, precisavam, no entanto, limitar suas ações. Ele começou a incomodar com o seu jeito duro e raivoso a ponto de ser definido como um chato e até mesquinho. Talvez por isso tenha recebido a incumbência de assumir o Ministério da Justiça, num ministério formado apenas por políticos de gabinete.

A pasta da Justiça seria aquela que colocaria em maior evidência suas posições independentes, mas ao mesmo tempo era também a pasta que mais o absorveria, limitando a sua ação por conta da sua diretriz burocratizante. Interessante pensar que esse argumento, se for verdadeiro, demonstra a pouca importância que era dada à questão institucional do Estado, incorporada, em larga medida, às ações pessoais de cada um dos ministros; pouco importava se o ministro era da Guerra — ele poderia interferir na Fazenda e assim por diante.

O ministro enfrentou problemas, e talvez o mais sério tenha sido o da Guarda Nacional, não por ter sido na origem uma instituição de base liberal, pensada como a sociedade em armas,

mas pelos obstáculos que ela representava para a afirmação de uma nação legítima e ordenada, pois não só o abuso e a corrupção ligavam-se a ela, como ela também desempenhava um papel fundamental no processo eleitoral, garantindo a inserção do poder local na dinâmica geral do Estado.

Isso já antecipava o que ocorreria em 1871. A expectativa de Cazuza na justiça dos resultados foi-se perdendo na medida em que os argumentos chegavam aos seus ouvidos, desde o pedido do imperador, por ser um moço, até a falta de decoro na candidatura de um ministro ao Senado. Isso provocou-lhe desilusões definitivas. Defensor da soberania do imperador como pacto dos interesses da sociedade, Alencar acreditava que a única saída para a crise dos partidos e do projeto era o Poder Moderador, que para ele, durante anos, foi a instância salvadora do Brasil, enquanto o imperador assumiu a sua responsabilidade de depositário da nação.

O deputado Alencar jogou pesado quando, depois de ter saído do ministério, reassumiu o seu cargo legislativo. Teve que demolir todos os argumentos, desde os compromissos verbais com o imperador até a legislação que proibia ministros de se candidatarem, utilizando as situações de outros ministros que também se candidataram e chegando até a esclarecer a má-fé de seus críticos de que teria, durante sua estada no ministério, beneficiado interesses do Ceará.

Esses debates foram conduzindo Alencar para a oposição ao governo imperial, ao processo cada vez crescente de avanço da autoridade pessoal do imperador, mas não ao regime político. Ele mostrou, nos debates, a diferença entre poder moderador e poder pessoal e trouxe isso à tona de forma mais clara nas "Cartas de Erasmo", onde ironicamente chamava a atenção do imperador que parecia não enxergar o que acontecia debaixo de suas barbas.

O tronco do ipê foi um dos primeiros romances vingadores. A idéia de Sílvio Romero é aqui confirmada, pois na sua segunda fase houve a produção de romances que tinham que ver com as desilusões como se fossem vinganças.

A questão se complicou quando Alencar interrogou o Parlamento sobre a viagem que o imperador faria ao redor do mundo, em 1877. Para ele, a viagem só traria desconforto para a sociedade, uma vez que produziria um excesso de tributação, num momento em que existiam modos mais baratos de ter contato com as novidades do mundo moderno, e terminou dizendo que desconfiava que a viagem era de lua-de-mel com a condessa de Barral.

O deputado Alencar também denunciou a hipocrisia dos partidos e das instituições eclesiásticas, que se locupletavam do mecenato do imperador. Em O *garatuja*, o escritor descreveu o que chamou de farsa eclesiástica. Também a questão da escravidão tornou-se tema da sua nova fase, associada ao sentimento da pátria:

> *A escravidão é um fato de que todos nós brasileiros assumimos a responsabilidade, pois somos cúmplices nele como cidadãos do Império. Nenhum filho desta terra, por mais adiantadas que sejam suas idéias, tem o direito de eximir-se à solidariedade nacional, atirando ao nome da pátria, como um estigma, os erros comuns.*
>
> *A mesma geração nova que desponta rica de aspirações largas e generosas deve lembrar-se de que fomos nós, os obreiros do presente, e antes de nós os roteadores do passado, quem preparou o leito à corrente fecunda e rasgou os horizontes à civilização brasileira.*
>
> *Exprobar os seus predecessores o atraso de que eles não têm culpa, detrair o passado para avolumar a sua individualidade, fazer da memória dos progenitores e da dignidade do país troféu "para o seu ídolo caricato" é procedimento que, espero em Deus, não fará exemplo, no Brasil. O folhetinista nasceu como a geração coeva em um país de escravos, no seio de uma respeitável e ilustre família servida por escravos. Esses lábios purpurinos, que já não podem sem náuseas pronunciar a palavra moleque, talvez sugassem o leite de uma escrava, como aconteceu, não a mim, porém a muitos outros que não lhe doem no respeito à dignidade humana (...) Se há questão em que ninguém tenha o direito de lançar pedra é esta. Os próprios emancipados eram escravagistas um, dois,*

três anos antes, e ficaram sendo-o depois da lei de 1871, porque deixaram subsistir a instituição, e com uma injustiça clamorosa, ensinando os filhos a desprezar os pais.[86]

Essas palavras calaram fundo os seus opositores e demonstram a qualidade do seu entendimento da história, especialmente quando se referia sarcasticamente à lei de 1871, acentuando o descalabro da medida que libertava os filhos sem libertar os pais e não eliminava a escravidão, provocando uma desigualdade ainda maior na sociedade brasileira. O seu ponto era a relação entre a lei e os interesses privados. Se havia de se fazer uma lei, que ela atingisse a eliminação geral da instituição. Esses argumentos colocaram o escritor em confronto com o visconde do Rio Branco.

Esse argumento, colado na perspectiva pública da sociedade, servia também para outros aspectos negativos da sociedade imperial. Alencar avançava no sentido de propor uma radical mudança nos padrões políticos do Brasil, a partir da inteligência despertada pela cultura brasileira, desvinculada dos seus padrões externos.

Ele levou às últimas conseqüências a sua preocupação com a criação de um jornal de oposição, administrado por seu irmão Leonel Alencar. Esse seu exercício, buscando desconstruir a aparente estabilidade da segunda metade do século XIX, correspondeu a uma possibilidade de dar conta da história da sociedade brasileira que, embora vinculada ao processo de manutenção de um modelo de civilização baseado em modelos estrangeiros, soube produzir um conjunto de idéias capazes de fazer Roque Spencer chamá-las de ilustração brasileira.

Neste sentido, Alencar, em suas críticas, descortinou algumas questões que nem mesmo a historiografia brasileira mais recente conseguiu resolver. A primeira delas é a questão da imitação. Instituições, regras sociais, leis, tudo enfim seria resultado de uma translação de idéias vindas da Europa e dos Estados Unidos.

As idéias no Brasil não só estariam fora do lugar como o país teria realizado a tradução pelo riso e não pela ciência. Tudo aqui ganhava uma atmosfera de absurdo, de ridículo. As próprias festas da Corte eram meros arremedos do que ocorria na Europa. Essa visão ainda ligava essa desgraça civilizatória ao iberismo, ao fato de termos sido colonizados pelos portugueses; éramos muito mais orientais do que ocidentais.

Na resposta inversa, a imitação teria dado certo e nosso modelo civilizatório teria seguido a orientação européia, e o resultado era uma artificialidade em nosso processo de modernização; não havíamos construído uma base sólida, e isso repercutiria mais tarde.

Assim, não tínhamos história, não tínhamos cultura, nossa sociedade era um arremedo e, por último, não tínhamos idéias e nem imaginação. Éramos desprovidos de qualquer marca. Para sair dessa situação precisávamos de um poder forte e centralizado que impusesse a sua direção, já que os partidos não se mostravam presentes; fora disso não teríamos saída e continuaríamos a conviver com o revezamento dos liberais e dos conservadores.

Alencar passou por cima disso tudo, denunciou as mazelas das composições, lutou como ministro da Justiça para que tivéssemos uma ordem institucional, sempre acreditou na força de seu projeto e aos poucos percebeu que ele não tinha nenhuma semelhança com o projeto imperial. Isso o transformou num livre atirador, que podia dizer o que desejava sem se preocupar com os interesses partidários; ser senador significava dar continuidade às suas proposições.

Concordamos com Ilmar Mattos e Roque Spencer, no que se refere à avaliação da vida partidária, que apontava para a necessidade de uma reforma que atingisse também a vida pública e as instituições. Alencar aproximava-se, neste aspecto, daquilo que seriam as idéias liberais, mesmo sendo um conservador. Via na distinção entre os partidos uma situação artificial e orientava-se na definição de um projeto que, baseado na liberdade e na propriedade, diferenciava com nitidez as esferas pública e privada de interesses. Posicionava-se a favor de uma reeducação dos interesses do estado, colocando o bem comum acima dos interesses privados quando se tratasse de assuntos de interesse público.

Ilmar Mattos em *O tempo saquarema* mostra-nos como o processo de construção da nação passou pelos interesses da boa sociedade, que se confundia com o mundo do governo, e que era identificado como nação, procedendo a uma radical exclusão social e de idéias, deixando de lado qualquer atitude ética e moral compatível com os novos padrões liberais. Para esses interesses era fundamental o controle do governo na sua expressão pública — governo do Estado — e na privada — governo da casa —, para estabelecer a ordem na esfera produtiva e controlar a riqueza.

Alencar fez parte da geração que acreditava na ordem através da fundação de uma nação que, até ganhar maturidade, deveria seguir as proposições da aproximação entre Estado e família (casa). Entretanto, o seu romantismo ia além do mero processo de institucionalização política; do destaque para a individualidade da sociedade imperial. Ele buscava as nossas tradições e imaginava que elas definiriam um projeto gerado por uma autoconsciência do futuro.

Para ele, essas experiências do passado inventadas como tradição ofereceriam um rumo para o progresso, no qual se destacariam os interesses de uma nação nova e de uma cultura sem limitações de modelos, mas recheada de idéias.

Esse ponto é que o diferenciava tanto dos saquaremas quanto dos luzias. Essa ação positiva de intelectual colocaria à sua disposição uma riqueza enorme de instrumentos capazes de mudar os rumos do Brasil. Não se via como um vencedor, não era um saquarema que combinava a sua vitória com o domínio dos luzias, através de sua cooptação no mundo do governo.

O literato tentava compreender o que acontecia, ao mesmo tempo em que procurava se diferenciar dos partidos políticos. Estava em certo sentido envolvido com a idéia de que o governo do Estado era a autoridade e que a liberdade processava-se na esfera do governo da casa, mas perguntava-se a respeito da representação da casa no governo. Via coisas que iam além do equilíbrio entre liberais e conservadores para manter a estabilidade, e discordava de que, para assegurar maior liberdade, era necessário aumentar a autoridade do Estado.

Ele pensava a liberdade como o elemento dinâmico que conduzia à expressão de uma representação política da sociedade capaz de manter a liberdade. Seu projeto, entretanto, também se orientava pela ordem e pela organização, só que pensava a autoridade do Estado como responsabilidade pública e não como monopólio. Assim, não havia compatibilidade com a autoridade do Poder Moderador por outorga, mas por transferência de soberania. Entravam em seu projeto idéias que lhe conferiam uma autoridade de intelectual, que respondia mais radicalmente às exigências do projeto civilizatório.

Ele tinha clareza quanto à separação entre homem e cidadão mas entendia, diferentemente dos conservadores, que a dimensão pública não poderia ser confundida com a privada. Em diferentes momentos teve a oportunidade de expressar essas idéias. Há um momento em especial que requer atenção particular e que exemplifica bem a sua ação.

Discutia-se a questão dos cemitérios, do casamento civil e de outras questões que diziam respeito às relações entre Estado e Igreja. Embora assumindo posições conservadoras, elas se revelaram estranhas. De um lado, porque o escritor não via com bons olhos essas interferências da Igreja nas coisas do Estado e, em segundo lugar, porque acreditava que as questões religiosas diziam respeito à dimensão privada. Mas o caso do casamento é o mais interessante.

A posição de Alencar era contrária por princípio, mas o argumento é que confundia. Ele achava um absurdo o casamento civil porque ele negava a liberdade quando exigia que duas pessoas ficassem juntas para sempre através de uma lei, o que enfraquecia também a idéia do matrimônio como sacramento indissolúvel.

Havia nas suas idéias uma surpreendente visão de que o Estado era apenas uma parte da nação; para se ter a nação era necessário incorporar a sociedade civil. Ele, nesse sentido, colocava-se contra a ação dos conservadores, de estarem no governo do Estado e no governo da sociedade. Mesmo considerando a perspectiva dos liberais, ele se distinguia deles por discordar da relação entre liberdade da casa e propriedade, embora reconhecesse o Estado como uma associação ativa.

Entretanto, percebia que os conservadores não apenas controlavam o Estado e a sociedade mas também forçavam a Coroa a se transformar em partido, eliminando a sua correspondência com o Poder Moderador, uma vez que ela deixava de ser o espaço da síntese da nação e promovia seus interesses por mecanismos de exclusão.

Uma das questões centrais foi, durante o seu trabalho no Ministério da Justiça, a da Guarda Nacional, que considerava a pior forma de representação dos interesses viciados. Essas argúcia e astúcia políticas foram recentemente sublinhadas por Wanderley Guilherme dos Santos na introdução à republicação de alguns dos textos políticos de Alencar.

A novidade do estudo de Wanderley Guilherme é que não há menção, em primeiro lugar, à sombra do pai e, em segundo, não há qualquer preocupação em diferenciar fases ou períodos. Wanderley Guilherme concentra seu estudo no conteúdo das obras, em seu vanguardismo, em sua avançada proposta da teoria da proporcionalidade da representação eleitoral.

Depois de descrever os conteúdos dos artigos políticos de Alencar, o autor nos mostra os principais aspectos da sua reflexão política, isolando a sua relevância na resolução do grande dilema da democracia: o da representação política.

O escritor de *Iracema*, ao pensar sobre o sistema representativo, se colocou contra a idéia de que um governo democrático representativo era o governo da maioria. Nas respostas que Alencar deu, em várias oportunidades, aparecia o tema da delegação da soberania como consolidação da nação, pensada enquanto ordenamento orgânico da sociedade em sua vivência política, representada por homens que têm consciência do coletivo ou do comum.

Nessa direção, a sociedade civil era o reino da independência formado por unidades que se tocam, mas não aderem; a aderência seria dada pelo Estado.

Essa avaliação sugere um tipo de análise que suplanta as avaliações da época e coloca Alencar no seu devido lugar, principalmente no que diz respeito ao processo de sua compreensão da dinâmica da sociedade, acentuando o desenvolvimento da vida civil como essencial para o equilíbrio político, já que a autoconsciência dos interesses privados afirma princípios geradores de valores éticos e morais e de sua defesa em termos de ordem e organização.

Com isso Alencar, além de reconhecer direitos individuais e direitos coletivos, ridiculariza o temor da plebe através da teoria do mandato e de sua expressão política de responsabilidade comum. Wanderley Guilherme introduz os elementos que compreendem a sua avaliação da vivência partidária brasileira, não sem antes mostrar como no Primeiro Reinado e nos anos seguintes se formam elementos importantes como a existência de uma constituição, de um código criminal, da organização das municipalidades, dos juízes de paz. Mesmo durante a Regência, houve avanços como o Ato Adicional, a organização das províncias e o código do processo; e no próprio Segundo Reinado, até 1854, tivemos o código mercantil, a abolição do tráfico e o restabelecimento das finanças.

Para Alencar, desde 1854, a decadência e a paralisia tomaram conta da política brasileira, e a causa indicada por ele é a corrupção dos partidos:

> *Os partidos, no sistema representativo, são a milícia da nação, velam sobre o exercício da soberania, defendem as instituições e preservam simultaneamente o monarca e o povo. Destruídas essas legiões da idéia, ficam em campo as guardas pretorianas que fazem e desfazem ministros, como outrora imperadores.*[87]

Assim, o escritor considerava os partidos fundamentais na vida política e na defesa do sentido comum da sociedade, destacando que eles se fortalecem através da descentralização administrativa, não confundida simplesmente com interesses locais e a representação das minorias. Só isso garante a efetiva ação dos interesses no processo de desenvolvimento da nação:

> *Combinemos a representação das minorias com a descentralização administrativa, emancipemos os homens políticos dessa sujeira em que estão as pretensões locais, e então poderemos formar os partidos de opinião, fortes pela solidariedade das idéias e da honra.*[88]

O ex-ministro da Justiça anuncia a irreverência dos nossos partidos, desde seu processo de origem, quando liberais eram aqueles que simplesmente eram brasileiros, da mesma forma que os portugueses ou seus aliados eram os partidários do absolutismo. A sua análise ainda é mais produtiva quando teoriza sobre a abdicação de 1831 que, para o escritor, fecha o ciclo das transformações políticas que começaram pela independência, e que não teve forças para ultrapassar a divisão partidária, gerando uma nação forte:

> *...com sua morte (d. Pedro I) se desvaneceram os receios de que a velha nacionalidade portuguesa absorva o recente império americano. O partido da independência, que era todo o país liberal, divide-se. Aí acabam os partidos pátrios e nacionais e começam os partidos políticos.*[89]

Para o escritor, o resultado foi o fracionamento do Partido Liberal, especialmente com a recepção dos fomentos ideológicos do século XIX. O ano de 1854 foi o momento crucial, pois a conciliação que resultou das tensões regenciais desmoralizou os partidos políticos originais. Para ele, passados 10 anos de conformismo, o problema mais urgente seria "*arrancar da inércia e torpor o espírito público, inoculando-lhe novos estímulos, já que os antigos se aniquilaram*".[90]

Na opinião do escritor, a Coroa era culpada pelo conformismo, pois tinha a legitimidade para realizar as mudanças e não o fez, associando-se aos interesses partidários, usando-os como base para a sua manutenção como Poder Moderador e, ao mesmo tempo, deixando-se usar pelos partidos, tornando-se refém deles, e deixando-os avançarem sobre o Estado, enfraquecendo, em contrapartida, a iniciativa privada e reduzindo sua liberdade. O resultado foi o avanço do Estado sobre a sociedade:

> *A nossa aristocracia é burocrática, não que se componha somente de funcionários públicos; mas essa classe forma a sua base, à qual adere por aliança ou dependência toda a camada*

> *superior da sociedade brasileira. Para o desenvolvimento espantoso que tem esse corpo oficial entre nós, não concorrem, como pensam, o número de empregos; sim a tendência absorvente da administração a par da falta de iniciativa particular.*[91]

Essa falta de força da iniciativa privada privilegia a cena pública, que é ocupada também pelos fabricantes da opinião pública como os jornais, que vivem do mecenato do Estado, e também os escritores. Também as classes produtivas e os demais setores econômicos vivem à sombra do Estado e suas fortunas decorrem de compromissos nocivos à própria economia e ao progresso: "*Só vive, pensa e governa no Brasil o espírito democrático*".[92]

Essa estrutura de favor e de reciprocidade sobrepõe-se à nação como soberania burocrática e como ditadura ministerial "*disfarçada com a máscara do governo pessoal*".[93]

Por fim, Wanderley Guilherme dos Santos resume a teoria de Alencar, acentuando os seguintes pontos:

> 1. o voto é o elemento da soberania; a representação, o meio de concentrar a vontade racional para a organização do poder político;
>
> 2. a essência da liberdade política consiste na legítima delegação da soberania nacional, no governo de todos por todos;
>
> 3. a ciência do governo se resume no princípio da representação; quando se atinge perfeita e justa delegação de soberania, obtém-se plenitude democrática;
>
> 4. para tanto é necessário que o deputado seja realmente o escolhido dos cidadãos votantes, e que o número dos votados seja inferior ao número dos eleitos, na proporção conveniente para garantir uma representação à minoria sem risco para a maioria;

> 5. o que gradua a democracia é a extensão do poder e sua duração; quanto maior a delegação da soberania, e por mais prazo, menor a democracia.

O comentador ainda faz algumas proposições que derivam da teoria de Alencar e realçam a importância de Alencar como pensador da política:

> 1. quanto mais denso o mandato, mais democrático;
>
> 2. quanto mais proporcional, mais democrático;
>
> 3. quanto maior a participação eleitoral, maior a extensão de que o governo é de todos por todos;
>
> 4. quanto mais obedecer à regra fundamental da não tirania da maioria e do não poder de veto da minoria, mais democrático;
>
> 5. quanto menor o prazo e o escopo do governo, mais democrático.

E termina reconhecendo o vanguardismo de Alencar:

> Desconheço formulação mais radicalmente liberal da organização e funcionamento de um sistema parlamentar, dando inclusive solução para o enigma democrático fundamental. Por isso é que, na introdução, afirmei que José de Alencar, até prova em contrário, surge como um dos mais sofisticados teóricos da democracia, escrevendo no século XIX.[94]

As polêmicas

O último ponto que deve ser considerado nessa busca das idéias de Alencar é o das conhecidas polêmicas que o escritor travou ao longo de sua vida. Consideramos aqui apenas aquelas que se apresentam como tais, embora existam outros debates e discussões que também são tomados como polêmicas em torno de suas idéias, que vão além do que críticos e comentaristas apontaram.

As polêmicas fixam algumas grandes marcas da produção de Alencar, seja no que tange à sua formação intelectual ou à sua personalidade. São também elas os espaços onde ele defendeu com mais radicalidade suas idéias, e, por isso, a análise dessas polêmicas são decisivas para compreender:

- as suas idéias e a sua contribuição para a fundação de uma literatura brasileira;
- as suas visões sobre literatura e política;
- a consistência de seu projeto.

A primeira polêmica girou em torno do poema "A confederação dos tamoios", de Gonçalves de Magalhães. Segundo José Aderaldo Castello, Alencar foi quem provocou a polêmica para chamar atenção do romantismo brasileiro, especialmente do indianismo.

Essa interpretação procede se nos lembrarmos que a consciência do seu projeto fez com que ele utilizasse todos os instrumentos para torná-lo público. Ele tinha interesse não só em definir os elementos constituintes de uma visão mais brasileira da literatura, como de trazer para si a direção do romantismo, entendido por ele como a condição de surgimento de uma reflexão mais aguda sobre as condições brasileiras, esboçadas através daquilo que poderia nos diferenciar de outros: o índio brasileiro.

Neste sentido, foi Alencar que produziu a polêmica. Entretanto, ele não assumiu a qualidade de opositor de Gonçalves de Magalhães, pois sabia que este representava as primeiras tentativas de busca do que era específico do Brasil, através da criação da revista *Niterói*, junto com Porto-Alegre e Torres Homem.

Mais do que isso, respeitava a experiência e a via como a forma inicial de mexer com a cultura e manter viva a vontade de mudança produzida pelos movimentos de independência. Alencar não se colocou numa posição de purismo, celebrou os textos de Magalhães e de Porto-Alegre e não tinha nada contra a criação da revista em Paris, ou seja, ele não era um brasilista radical, desses que não comiam produtos importados e pensavam a fundação da cultura brasileira como exclusão da cultura ocidental. Como Magalhães, pretendia chamar atenção para as marcas do Brasil.

Mas se não havia diferenças radicais entre Alencar e Magalhães, o que levou à polêmica?

Politicamente, a sua atitude o deixou isolado, ou melhor, colocou contra ele os intelectuais ligados a Magalhães, o IHGB e o imperador. Se o escritor queria se projetar nada melhor do que ter esses opositores. Sabemos, no entanto, que ele era sério e estudioso, e não faria esse alarde apenas por inveja, embora duas das acusações surgidas para explicar a sua atitude fossem pensadas como resultantes de inveja. A primeira, de que as cartas escritas contra "A confederação dos tamoios" derivavam da exclusão de Alencar da apresentação e leitura do poema no Palácio da Quinta; a outra era a de que ele criticou Magalhães porque, com o poema, tiraria dos escritos de Alencar a novidade do indianismo, que estaria sendo elaborada através do seu poema "Os filhos de Tupã".

Essa polêmica marcou a vida de Alencar na visão de Capistrano de Abreu, pois atraiu para ele a ferocidade da panela do imperador, jogando-o contra o Estado, o que significava a censura e a polícia, como acontecera na produção teatral e nas críticas destruidoras de seus romances, feitas pelo imperador.

Para outros, como Wilson Martins, o literato teria entrado na polêmica para ser reconhecido publicamente; seria resultado do ataque de alguém que quer um lugar contra um medalhão, do mesmo modo que, mais adiante, quando ele mesmo for um medalhão, será criticado por homens que disputavam um lugar de relevo na literatura como Franklin Távora.

Ficamos com Sílvio Romero, que afirmou que as cartas sobre "A confederação dos tamoios" foram um manifesto do credo literário de Alencar, uma profissão de fé e de crítica. Assim, a polêmica teria servido para ele fundamentar suas idéias a respeito de uma teoria brasileira da literatura, para tornar pública sua intenção de envolvimento dos intelectuais com a realidade brasileira.

Também verificamos que a polêmica envolveu a inauguração de uma crítica que, além de literária, foi política porque tomou a especificidade brasileira como tema. Na verdade, para além dos envolvidos e de suas diferenças, o importante foi que a polêmica fundou um procedimento novo, que foi o de pensar o Brasil; a polêmica inaugurou a reflexão sobre as idéias no Brasil, além de configurar a primeira experiência de tensão com o imperador, que pessoalmente participara da polêmica.

A polêmica entre Alencar e Magalhães fundou as discussões que mais adiante formaram, na geração de 1870, o pensamento social brasileiro. O que ele destacou em suas críticas não é mais a relação entre a produção de Magalhães e os modelos clássicos; o que o escritor acentuou foram as falhas na descrição de Magalhães e, ao mesmo tempo, aproveitou para definir uma de suas linhas teóricas centrais, que era a afirmação da natureza como base do conhecimento, reconhecendo que o papel do intelectual era o de sinalizar as mudanças, impondo-as através da constituição do debate: "*O orador, o poeta e o escritor são apóstolos da palavra e pregam o evangelho do progresso e da civilização*".[95]

A formação da pátria e a construção da nação foram os temas que resultaram dessa primeira polêmica. É novamente Wilson Martins que se contrapõe a esta visão. Para o autor da *História da inteligência brasileira*, Alencar revela na polêmica com Magalhães uma surpreendente estreiteza de espírito, que se vai manter em todas as outras polêmicas; havia criticado o poema de Magalhães por não obedecer aos preceitos tradicionais da epopéia.

Parece, no entanto, haver algo mais do que o que é apontado por Wilson Martins. Alencar diz que "A confederação dos tamoios" é um poema histórico e não uma epopéia, e esse seria o defeito de Magalhães, ao buscar o estilo da epopéia que, para ele, não configura uma forma capaz de colocar em evidência as nossas marcas particulares.

A polêmica definiu-se como um divisor de águas entre o ultra-romantismo e o romantismo, e deu a Alencar a dianteira no exercício do novo método de produção dos valores culturais brasileiros. O próprio Wilson Martins destaca a polêmica como fundadora de uma meditação crítica que permitiu a Alencar perceber o "projeto" de uma literatura brasileira, isto é, historicamente brasileira. E conclui que o grande resultado da polêmica foi *O guarani*, como expressão da atenção crítica do escritor, na medida em que a crítica se transformava no modo de mostrar como poderia ser escrito o romance que realçasse o Brasil; é o romance maduro, no qual a construção das personagens segue a linha da sensibilidade e da racionalidade.

Para escrever as cartas sobre "A confederação dos tamoios", o literato-crítico dedicou-se ao estudo dos cronistas e dos historiadores, e isso é o que teria descortinado para ele a expressão mais forte do nacional. De certa maneira, ele se via como o pensamento de renovação, e via Magalhães como o representante do pensamento da reação; isso porque seu pensamento ultrapassava os limites da subordinação ao poder e ganhava uma expressão política.

A experiência da primeira polêmica abriu os olhos de Alencar para o conformismo que denunciará em "Cartas de Erasmo"; ele também percebeu o choque entre a sua forma de pensar o Brasil e aquela que vai sendo articulada pelo mecenato imperial. O clareamento dessa tensão levou-nos a constatar que ele encontrou, através da polêmica, as diferenças entre o projeto civilizatório da Corte e o seu.

A tensão resultante da política explicaria as críticas que Alencar recebeu ao longo de sua vida, tanto no nível pessoal, quanto no político e no literário. Afirmações de que teria iniciado a polêmica porque não havia sido convidado para a leitura de "A confederação dos tamoios" no Palácio Imperial, ou que ela resultaria da inveja de ter Magalhães chegado primeiro no indianismo, são fruto da defesa armada sob a direção do imperador.

Para d. Pedro II, a produção de Magalhães era a criação de um modo de ampliar a centralização da Corte e torná-la o modelo das mudanças que levariam o Brasil a uma posição avançada no contexto das Américas e, por outro lado, era o modo de mostrar a sua desvinculação dos valores portugueses, propiciando o fim das tensões separatistas.

A complexidade da polêmica foi que ela colocou em questão algo mais importante do que uma discussão literária: abriu a crítica ao projeto civilizacional e ao comportamento político do imperador na segunda metade do século XIX. Enquanto para o monarca era fundamental manter o controle sobre as idéias, associando-as ao seu projeto de unidade através do mecenato, reforçando o seu poder e tomando a direção do processo de consolidação da estabilidade, para Alencar era necessário denunciar, através da crítica, as mazelas que eram mantidas a título da estabilidade.

O exemplo do uso político da Guarda Nacional e, mais tarde, a Guerra do Paraguai são momentos tomados por Alencar para mostrar a veracidade de suas falas.

A repercussão foi de tal ordem que d. Pedro II utilizou todo o seu poder para desmoralizar Alencar. Uma das tentativas que não deram resultado foi a convocação de nada menos que Alexandre Herculano para desfazer os males de Alencar através da avaliação a ele pedida do poema de Magalhães. A resposta de Herculano foi literária e não deu oportunidade de uso político. Outras tentativas se seguiram, mas nenhuma delas conseguiu atingi-lo. A tentativa de Araújo Porto-Alegre, amigo de Magalhães e de Alencar, alardeada como derradeira, criou uma nova celeuma, pois ninguém entendeu se o texto de Porto-Alegre defendia Magalhães ou concordava com Alencar, quanto ao poema ter a qualificação de histórico.

Perdidas essas oportunidades, o escritor nunca mais deixou de ter contra si homens a mando do imperador, não só na literatura mas também na sua ação política, na qual ele rejeitou a intervenção do monarca em negócios do ministério, como no caso da demissão de um comandante da Guarda Nacional. Para Alencar, essa experiência foi positiva no sentido do aprimoramento do seu olhar sobre a vida política. Ficou clara, para ele, a associação entre a dimensão pública e a privada, e como isso comprometia a soberania do imperador pela perda de sentido do Poder Moderador.

O avanço da autoridade pessoal, a Coroa transformada em partido, a falta de ética nos negócios do Estado foram algumas confirmações que Alencar teve após a polêmica.

Por fim, Alencar, depois da polêmica, passou a ser conhecido como um homem nervoso e raivoso, alcunhas que só tinham como objetivo desvalorizá-lo. Palavras de Alencar:

> *Os nossos partidos, força é confessá-lo, nunca tiveram princípios bem pronunciados; e naquele tempo, mais do que nunca, certos dogmas de um e outro lado pareciam, senão prescritos, ao menos esquecidos ou modificados; os nomes eram os únicos símbolos das duas opiniões que por muito dividiram o país.*[96]

Para Antonio Candido, a visão de Alencar aprimorou a perspectiva de que o Brasil poderia se desenvolver de dentro para fora e de baixo para cima. Para Alceu Amoroso Lima, ele sempre foi o que quis ser e, para Graça Aranha, ele afirmou a independência cultural do Brasil.

A segunda polêmica envolveu Alencar com Franklin Távora e o escritor português José Feliciano Castilho, e manteve-se na mesma linha da anterior, ou seja, o que estava em discussão não era simplesmente a literatura mas as visões sobre o Brasil. Na medida em que Alencar tornava-se referência nacional, as críticas e as tentativas de diminuir o seu poder sucediam-se, especialmente quando ele ingressou na política e passou a ter duas frentes para apresentação de suas idéias e críticas.

Como a primeira polêmica, o que ficou definido como sua origem era um caso pessoal. Franklin Távora, até então amigo e admirador de Alencar, teria lhe mandado um manuscrito intitulado "Índios do Jaguaribe", para que o escritor fizesse uma apreciação; como o parecer demorava muito a ser feito, começou a correr o boato de que o escritor teria feito críticas severas e levianas ao manuscrito do tipo "esses índios de Távora tinham que ser descascados". Daí para a polêmica foi um passo. Távora centrou sua crítica em O *guarani*.

Esse episódio acabou por alavancar os inimigos de Alencar, e a vingança do imperador. A inteligência de Távora fez com que a polêmica tomasse expressão nacional, exatamente porque Távora havia dito várias vezes que era influenciado por Alencar, especialmente no texto que provocou a polêmica. A ela associou-se o escritor português José Feliciano Castilho, que estava no Brasil desde 1844, e que se transformou no representante do imperador, segundo a maioria dos historiadores da literatura, para desespero de Brito Broca:

> É tempo de desfazer-se definitivamente da versão abunda e, não obstante, ainda propalada, de que José Feliciano Castilho veio para o Brasil estipendiado por d. Pedro II a fim de contrabalançar as influências de José de Alencar. Não pode haver maior tolice. Chegou ele aqui em 1847 quando Alencar iniciou o seu curso de direito em São Paulo.[97]

Definidos esses aspectos da polêmica, tentemos observá-la com mais atenção. Sem dúvida, a polêmica resultou da introdução de novas idéias no campo da literatura. O início do processo de recepção do realismo no Brasil definiu o romantismo como alvo principal. Franklin Távora teria sido o representante dessa tendência da crítica realista contra a hegemonia de Alencar.

Segundo Lúcia Miguel-Pereira, para atingir o seu objetivo, Franklin Távora se uniu ao português José Feliciano Castilho. A base da crítica era a opção de Távora pelo romance de observação que, no fundo, era o que Alencar vinha fazendo. O que parece é que Távora havia escolhido errado seu inimigo. A crítica era excessiva e até injusta, pois resultava de uma situação que o próprio Alencar criticava, que era o marasmo e a mesmice da literatura e das idéias no Brasil.

Isso, entretanto, não autorizava Távora a tornar Alencar o chefe da mesmice, não só porque ele denunciava em suas críticas esse marasmo, como porque identificava as razões como não apenas literárias. Eram razões que decorriam do modo pelo qual o Brasil era governado. A confusão entre interesses privados e públicos, a tensão da autoridade pessoal e a corrupção inerente a isso eram as culpadas. Não acontecia nada graças ao controle que havia da opinião pública, seja pela censura ou pelas benesses do Estado, criando-se formas de elogio ou de auto-elogio, que só faziam manter o estado de coisas.

Para os cronistas da época, a polêmica era uma empreitada política dos inimigos de Alencar, dirigida e coordenada pelo "intrigante português" — segundo Sílvio Romero — ou "gralha imunda" — segundo Alencar — que assumiu o pseudônimo de Cincinato. José Feliciano Castilho identificava no escritor de *Iracema* o perigo da perda de influência da cultura portuguesa no Brasil, e nesse aspecto não comungava com as idéias de Távora; eram aliados conjunturais, oportunisticamente usados por ministros do Império e pelo próprio imperador.

Para Castilho, Alencar era um operário da comuna literária, chamava-o de "demolidor feroz" e de "digno membro do diretório da Escola Coimbrã".

Como na primeira polêmica, nesta também os temas paralelos diziam respeito à nacionalidade, seja pela discussão em torno da língua portuguesa, seja pela avaliação das origens da nossa cultura. Mais uma vez, Alencar investe furiosamente na leitura de informações sobre os hábitos e os costumes do Brasil para fazer frente às críticas.

Para Távora faltava originalidade ao escritor por se ter deixado influenciar por Walter Scott e F. Cooper, e por não ter sido fiel à natureza americana, sacrificando a realidade ao seu sonho e à sua caprichosa imaginação, e concluiu dizendo que essa distorção resulta dos modismos estrangeiros que invadiram o Sul e que ele, Távora, se transformaria no defensor do Norte contra essa invasão cultural.

Távora mostrou as suas limitações de brasilista radical, daqueles que acusariam mais tarde Machado de Assis de não ser um escritor brasileiro. Representava os interesses locais contra o projeto de uma cultura brasileira cosmopolita. Além disso, usou expedientes indecentes contra Alencar, como, por exemplo, a utilização de Macedo, adorado por Alencar, contra o próprio Alencar.

As críticas ao literato eram estampadas nos jornais através de uma troca de cartas entre Semprônio — Franklin Távora — e Cincinato — José Feliciano Castilho. Adquiriu expressão, novamente, pelos usos políticos que foram empregados na polêmica. Aliás, quando se observa esses usos, percebe-se como a barra é forçada para que o sentido de desmoralização apareça até no fato de que Alencar, por conta de seu casamento com a filha de uma família inglesa, era influenciado pelas idéias e ações daquele país.

Alceu Amoroso Lima resumiu, com muito acerto, a polêmica:

> ...a crítica de Semprônio errou de alvo. E deixou intacto o que encontramos justamente de encantador em Alencar e nos faz voltar a ele, de vez em quando; esse prazer independe do interesse histórico.[98]

A terceira polêmica tem uma qualidade distinta das duas primeiras, embora mantenha com elas relações, especialmente no tocante à discussão do que é o Brasil. Ela se verificou no interior do mundo intelectual e não apresentou uma interferência direta do imperador, embora o envolvimento dos que faziam parte da sua tropa de choque se fizesse presente. A polêmica também realiza a ponte entre Alencar e a geração de 1870.

Ela teve origem na apresentação teatral da peça de Alencar O *jesuíta*, e envolveu questões que iam desde o porquê da escolha do tema — o jesuíta — até as relações entre o tema e a sua proposta para o Brasil. Anos mais tarde, após a morte do escritor, Joaquim Nabuco, o interlocutor crítico, reconheceu a injustiça de suas críticas: "Travei com José de Alencar uma polêmica em que receio ter tratado com a presunção e a injustiça da mocidade o grande escritor".

A importância da polêmica com Nabuco foi que ela mostrou o avanço das idéias no Brasil e um clima que propiciaria o surgimento da geração de 1870. Agora as questões traduziam dilemas nacionais, confrontavam posições que iam além da literatura e da política e evidenciavam a existência de uma atmosfera oportuna para a inauguração de uma nova etapa no desenvolvimento do pensamento crítico no Brasil.

Alencar e Nabuco eram amigos, melhor, digamos que não eram inimigos. Haviam-se defrontado na vida parlamentar e concordado e discordado em vários temas. Os dois representavam gerações diferentes, que acumularam experiências distintas, e que produziram visões também diferentes, mas que se cruzam quando se percebe que a geração de Nabuco só se fez presente pelas modificações geradas pela geração de Alencar.

A polêmica colocava em questão os rumos do Brasil e confrontava aqueles que construíram uma tradição nacional com aqueles que, partindo do que havia sido realizado, achavam que o Brasil poderia decolar em direção ao progresso, incorporando experiências de fora que, justamente por esse motivo, eram consideradas modernas.

A acusação central de Nabuco era de que Alencar falsificara os tipos que habitavam seus textos e que, por isso, teria criado uma visão do Brasil incompatível com o mundo moderno, e exemplificava com situações observadas no debate parlamentar, como aquelas nas quais ele vislumbrava o futuro através da manutenção das formas de tradições de vida e o exagero da natureza iluminada.

Nabuco considerava o escritor um conservador extremado em 1875, quando Alencar já havia passado pelas experiências de saída do ministério e da exclusão do seu nome para o Senado.

O escritor vivia, como quer Sílvio Romero, sua fase vingadora, na qual suas atitudes eram calculadas sempre para dirigir farpas para aqueles que o combateram e o excluíram. Nabuco não conseguiu entender a finura de Alencar ao considerar o tipo do jesuíta como a coisa mais avançada que havíamos tido e ao lembrar das ações da Companhia de Jesus.

A polêmica com Nabuco colocou em questão duas visões, duas concepções de Brasil que se contrapunham, embora uma — a mais nova — dependesse da outra. Alencar continuava defendendo a tendência nacional de pôr ênfase no específico e de afirmar a força da imaginação da sociedade, ao mesmo tempo em que denunciava a corrupção institucional como a culpada pelo marasmo de idéias. A essa altura suas relações com a Corte haviam-se deteriorado, transformando-se em antipatia mútua. Alencar, entretanto, havia avançado na sua concepção política, conseguia delinear com clareza a defesa da ordem como a única alternativa de salvação porque ela romperia o ciclo de aprisionamento da Coroa aos interesses dos partidos, propondo uma reforma que separasse o público do privado, fortalecendo as iniciativas privadas e abrindo caminho para a incorporação política dos segmentos excluídos ou da minoria.

Nabuco não observou esses aspectos, uma vez que também disputava espaço político no governo e, como Alencar, tinha uma sombra sobre a sua cabeça, de modo que, ao fazer isso, transformou Alencar em conservador no momento em que o escritor se aproximava dos republicanos. Além do mais, anunciou que seu problema com o imperador era resultado, simplesmente, de razões pessoais.

Nabuco encurralava Alencar como ele o fizera com Gonçalves de Magalhães, e atacou principalmente *O guarani*, dizendo que o romance não era um exemplo de literatura indígena. A finura de Alencar desbancou Nabuco quando ele disse que, também para ele, *O guarani* nunca tinha sido pensado como literatura indígena, mostrando como Nabuco não havia entendido o seu projeto.

Nabuco defendia na polêmica um conceito universalizante de civilização e de moderno, que tinha como experiência histórica a cultura ocidental, ou seja, utilizando a caracterização de Afrânio Coutinho, Nabuco era um ocidentalista. O argumento central da crítica de Nabuco, apoiado em Taine e Renan, era de que a sociedade retratada por Alencar não era brasileira e que a arte de Alencar não era nacional.

Para Nabuco, nacional significava moderno, pois para um ocidentalista a concepção rural brasileira decorria da colonização portuguesa. Assim, o artificialismo de Alencar estava relacionado com o indianismo. Essa avaliação é equivocada e mostra a presença das idéias de modernização e de evolução que tinham na França a sua origem.

Essas discordâncias eram também expressas na definição de cultura e civilização brasileiras. Nabuco valorizava a herança européia por conta de sua formação intelectual aristocrática nos moldes da educação francesa, enquanto Alencar acentuava a necessidade de se partir de dentro para fora. Este último não negava a cultura ocidental mas defendia a relação hegemônica do particular sobre o universal, de acordo com a sua visão da história brasileira, como acentua Wilson Martins:

> O Brasil não era português como queriam os saudosistas, nem aborígene, como afirmavam os nativistas: a nação não seria viável se qualquer desses grupos tivesse razão contra o outro. O Brasil era o futuro filho de Peri e Ceci; era Moacir, era a descendência de Ubirajara simultaneamente com Araci e Jandira, o Brasil era a fusão das raças e das tribos esparsas, inclusive caramurus.[99]

Alencar, mesmo que não o achemos vencedor no embate — e aqui o que menos nos interessa é isso —, deixa pela polêmica um legado. Primeiro de ter contribuído de maneira ímpar para que se entendesse melhor nossa história política; em segundo lugar, para que, a partir daí, a questão central que deveria ser tratada pelos intelectuais fosse o que é o Brasil, que afinal foi o tema da geração de 1870 e deu-lhe tanto reconhecimento.

Capistrano de Abreu, defendendo Alencar contra os críticos, arrematou bem o significado das polêmicas: "A morte ainda não apagou, mas apagará em breve os sentimentos hostis e então todos reconhecerão que José de Alencar é o primeiro vulto da literatura nacional".[100]

E nós diríamos, pedindo licença, que, graças à inteligência de Alencar, após a republicação da sua obra política, se conheceu melhor o Império brasileiro. Assim, Alencar não foi apenas o fundador da literatura brasileira; não foi apenas o homem que mostrou a capacidade de idéias e imaginação que o país possuía, mas sim um grande descobridor do Brasil. Como diria Manuel Bandeira: — Viva Alencar!

Brito Broca reconheceu, ao final, a importância de Alencar, e nós concluímos com ele: "Eis o segredo da durabilidade dessa obra. Alencar deu-nos um pouco daquilo que poderíamos chamar 'as mil e uma noites' brasileiras".[101]

Notas

1. José de Alencar, apud Menezes, 1977:217.

2. Domingos Gonçalves de Magalhães. Discurso sobre a história da literatura do Brasil. In: Coutinho, 1972, v. 1, p. 30-8.

3. Santiago Nunes Ribeiro. Da nacionalidade da literatura brasileira. In: Coutinho, 1972, v. 1, p. 48.

4. França Junior, 1957.

5. José de Alencar, apud Menezes, 1977:218.

6. Ibid., p. 219.

7. Ferreira de Araújo, apud Menezes, 1977:225.

8. José de Alencar. Diário íntimo, transcrito de Orico, 1929; apud Menezes, 1977:226-8.

9. França Junior, 1957:2.247-50.

10. Motta, 1921:25.

11. Araripe Junior, apud Motta, 1921:32.

12. Ibid., p. 32.

13. Ibid., p. 32-3.

14. José de Alencar, apud Motta, 1921:45-6.

15. Motta, 1921:59.

16. Ibid., p. 61.
17. Ibid., p. 61-2.
18. Ibid., p. 94.
19. Ibid., p. 95.
20. Araripe Junior, 1958:95.
21. Apud Motta, 1921:96.
22. Motta, 1921:118.
23. Ibid., p. 138.
24. Ibid., p. 139.
25. Alencar, Guerra dos Mascates, 1965.
26. Motta, 1921:169.
27. Ibid., p. 170.
28. Visconde de Taunay, Reminiscências, apud Motta, 1921:170-1.
29. José de Alencar, apud Motta, 1921:176.
30. Ibid., p. 181-2.
31. José de Alencar, apud Motta, 1921.
32. Motta, 1921:188.
33. Ibid., p. 191.
34. José de Alencar, apud Motta, 1921:192.
35. Silveira Neto, apud Motta, 1921:192.
36. Motta, 1921:193.
37. José de Alencar, apud Motta, 1921:194.
38. Carvalho, 1982.
39. Pereira da Silva, Memórias do meu tempo, apud Motta, 1921:195-6.

40. Apud Motta, 1921:197-8.

41. Ibid., p. 199.

42. José de Alencar, apud Motta, 1921:201-2.

43. Ibid., p. 244.

44. Ibid., p. 204-5.

45. Barão de Cotegipe, apud Motta, 1921:206.

46. José de Alencar, apud Motta, 1921:206-7.

47. Ibid., p. 207.

48. Alencar, 1997.

49. Motta, 1921.

50. Coutinho, 1972:80.

51. Maria Helena Rouanet. Nacionalismo. In: Jobim, 1999:9.

52. Ibid., p. 17.

53. João César. História. In: Jobim, 1999:52.

54. Ibid.

55. Ibid., p. 54.

56. Ibid., p. 55-6.

57. Ibid., p. 58.

58. Broca, 1979.

59. França Junior, 1957:136.

60. Santos, 1991.

61. Coutinho, 1972:60.

62. Ataíde, 1930, cap. XIII.

63. Sodré, 1969:267.

64. Romero & Ribeiro, 1909:274.
65. Miguel-Pereira, 1957.
66. Veríssimo, 1998:19.
67. José de Alencar, apud Sodré, 1969:209.
68. Candido & Castelo, 1987:194.
69. Ibid.
70. Romero & Ribeiro, 1909:272.
71. Martins, 1977, v. 3, p. 65-6.
72. Clóvis Beviláqcua, apud Martins, 1977, v. 3, p. 70.
73. Machado de Assis, apud Martins, 1977, v. 3, p. 215.
74. Santos, 1991.
75. Candido, 1975, v. 2, p. 114.
76. Martins, 1977:480.
77. Candido, 1975, v. 2, p. 114.
78. A *República*, apud Martins, 1977:396.
79. Mattos, 1987.
80. Barros, 1986.
81. Menezes, 1977:260.
82. José de Alencar, apud Veríssimo, 1998:260.
83. Broca, 1992:212.
84. Ibid., p. 282.
85. Romero & Ribeiro, 1909:479.
86. José de Alencar, apud Martins, 1977:479.
87. Alencar, 1965:1.055.

88. Santos, 1991:70.

89. Alencar, 1965:1.078.

90. Ibid., p. 1.081.

91. Ibid., p. 1.097.

92. Ibid., p. 1.099.

93. Ibid., p. 1.100.

94. Santos, 1991:70.

95. Alencar, 1965.

96. José de Alencar, apud Candido, 1975:54, nota.

97. Broca, 1979:290.

98. Ataíde, 1930, cap. XIII.

99. Martins, 1977:461.

100. Abreu, 1938.

101. Broca, 1981:175

Bibliografia

Abreu, Capistrano. *Ensaios e estudos*. Rio de Janeiro: Sociedade Capistrano de Abreu, 1938.

Alencar 100 anos depois. Fortaleza: Academia Cearense de Letras, 1977.

Alencar, Heron. José de Alencar e a ficção romântica. In: Coutinho, Afrânio (org.). *A literatura no Brasil*. Rio de Janeiro: Sul-americana, 1955. v. 2.

Alencar, José de. *Obra completa*. Rio de Janeiro: Aguilar, 1965. v. I, II, III e IV.

———. Prefácio. In: *Sistema representativo*. Rio de Janeiro: UFRJ, 1997.

Alencar, Mário. José de Alencar, o escritor e o político. In: Alencar, José. *Obra completa*. Rio de Janeiro: Aguilar, 1965. v. 1, p. 89-100.

Araripe Junior, José de Alencar. *Obra crítica de Araripe Junior*. Rio de Janeiro: Fundação Casa de Rui Barbosa, 1958.

Assis, Machado de. *Obra completa*. Rio de Janeiro: Aguilar, 1959. v. II e III.

Ataíde, Tristão de. *Estudos*. Rio de Janeiro: Centro D. Vital, 1930.

Barros, Roque Spencer Maciel de. *A ilustração brasileira e a idéia de universidade*. São Paulo: Convívio/Edusp, 1986.

Broca, Brito. *Românticos, pré-românticos e ultra-românticos. Vida literária e romantismo no Brasil*. São Paulo: Polis, 1979.

———. *Ensaios de mão canhestra*. São Paulo: Polis, 1981.

———. *Horas de leitura*. Campinas: Edunicamp, 1992.

Candido, Antonio. *Formação da literatura brasileira*. São Paulo: Edusp; Belo Horizonte: Itatiaia, 1975. v. 2.

——— & Castello, José Aderaldo. *Presença da literatura brasileira*. Das origens ao realismo. São Paulo: Difel, 1987.

Carvalho, José Murilo de. *Teatro de sombras*. Rio de Janeiro: Campus, 1982.

Castello, José Aderaldo. *Introdução à polêmica sobre "A Confederação dos Tamoios"*. São Paulo: FFCL, 1953.

Coutinho, Afrânio. *Polêmica Alencar-Nabuco*. Rio de Janeiro: Tempo Brasileiro, 1965.

———. *A tradição afortunada; o espírito de nacionalidade na crítica brasileira*. Rio de Janeiro: José Olympio, 1968.

——— (org.). *Caminhos do pensamento crítico*. Rio de Janeiro: Pallas, 1972. 2v.

Faria, João Roberto Gomes. *José de Alencar e o teatro*. São Paulo: Perspectiva/Edusp, 1987.

França Junior. *Política e costumes*. Rio de Janeiro: Civilização Brasileira, 1957.

Franco, Afonso Arinos de Melo. *O índio brasileiro e a Revolução Francesa*. Rio de Janeiro: José Olympio, 1937.

Freixeiro, Fábio. *Alencar: os bastidores e a posteridade*. Rio de Janeiro: Museu Histórico Nacional, 1977.

Freyre, Gilberto. *José de Alencar*. Rio de Janeiro: Ministério de Educação e Saúde, 1952.

———. *Reinterpretando José de Alencar*. Rio de Janeiro: Ministério da Educação e Cultura, 1955.

Jobim, José Luis (org.). *Introdução ao romantismo*. Rio de Janeiro: Eduerj, 1999.

Linhares, Temístocles. *História crítica do romance brasileiro*. São Paulo: Edusp; Belo Horizonte: Itatiaia, 1976.

Magalhães Junior, Raimundo. *José de Alencar e sua época*. São Paulo: Lisa, 1971.

Marco, Valéria de. *O império da cortesia*. São Paulo: Martins, 1986.

———. *A perda das ilusões: o romance histórico de José de Alencar*. Campinas: Edunicamp, 1993.

Martins, Wilson. *História da inteligência brasileira*; 1855-1877. São Paulo: Cultrix/Edusp, 1977. v. 3.

Mattos, Ilmar Rohloff de. *O tempo saquarema*. São Paulo: Hucitec, 1987.

Melo, Gladstone Chaves de. *Alencar e a língua brasileira*. Brasília: Conselho Federal de Cultura, 1972.

Menezes, Raimundo de. *José de Alencar: literato e político*. Rio de Janeiro, Livros Técnicos e Científicos, 1977.

Miguel-Pereira, Lúcia. *Prosa de ficção (1870 a 1920)*. Rio de Janeiro: José Olympio, 1957.

Motta, Arthur. *José de Alencar (o escriptor e o político), sua vida e sua obra*. Rio de Janeiro: F. Briguiet, 1921.

Orico, Oswaldo. *A vida de José de Alencar*. São Paulo: Nacional, 1929.

Pontieri, Regina Lúcia. *A voragem do olhar*. São Paulo: Perspectiva, 1988.

Proença, M. Cavalcanti. *José de Alencar na literatura brasileira*. Rio de Janeiro: Civilização Brasileira, 1972.

Romero, Sílvio & Ribeiro, João. *Compêndio de história da literatura brasileira*. Rio de Janeiro: Francisco Alves, 1909.

Roncari, Luiz. *Literatura brasileira: dos primeiros cronistas aos últimos*. São Paulo: Edusp, s.d.

Santos, Wanderley G. dos. *Dois escritos democráticos de José de Alencar*. Rio de Janeiro: UFRJ, 1991.

Schwarz, Roberto. *Ao vencedor as batatas*. São Paulo: Duas Cidades, 1981.

Sodré, Nélson Werneck. *História da literatura brasileira*. Rio de Janeiro: Civilização Brasileira, 1969.

Veríssimo, José. *História da literatura brasileira*. Rio de Janeiro: Topbooks, 1998.

Vitor, Nestor. A *crítica de ontem*. Rio de Janeiro: Leite Ribeiro, 1919.

Outros Livros da Coleção
(Títulos já publicados)

Anchieta — Dívida de papel
Marcus Alexandre Motta
156p.

Antônio Vieira — infalível naufrágio
Marcus Alexandre Motta
164p.

Frei Caneca — entre Marília e a pátria
Marco Morel
100p.

João do Rio — a cidade e o poeta: o olhar de *flâneur* na *Belle Époque* tropical
Antonio Edmilson Martins Rodrigues
140p.

Razão e sensibilidade — José Bonifácio: uma história em três tempos
Berenice Cavalcante
136p.

Rui Barbosa: pondo as idéias no lugar
João Felipe Gonçalves
184p.

Sílvio Romero — dilemas e combates no Brasil da virada do século XX
Maria Aparecida Rezende Mota
132p.

Os livros podem ser encontrados nas livrarias ou diretamente na Editora FGV.
Tels.: 0800-217777 e 0-XX-21-2559-5533 — Fax: 0-XX-21-2559-5541
e-mail: editora@fgv.br — http://www.fgv.br/publicacao

Impresso nas oficinas da
Sermograf - Artes Gráficas e Editora Ltda.
Rua São Sebastião, 199 - Petrópolis - RJ
Tel.: (24) 2237-3769